Formación de Discípulos Intencionales

REVISADO Y EXPANDIDO

— FORMACIÓN DE — DISCÍPULOS INTENCIONALES

El camino para conocer y seguir a Jesús

Sherry A. Weddell

División Editorial de Our Sunday Visitor
Our Sunday Visitor, Inc.
Huntington, Indiana 46750

28 27 26 25 24   2 3 4 5 6 7 8 9

Our Sunday Visitor, Inc.,
200 Noll Plaza, Huntington, IN, E.E.U.U. 46750
1-800-348-2440

ISBN: 978-1-63966-061-2 (Inventario No. T2804)
eISBN: 978-1-63966-062-9
LCCN: 2022950810

Diseño de portada: Lindsey Riesen
Imagen de portada: iStockphoto

Traducción: Erika Ramos De Urquidi

Impreso en los Estados Unidos de América

Contenido

Prólogo

Rvdo. Philip A. Egan BA, STL, PhD
Obispo de Portsmouth

Cuando era párroco de una concurrida parroquia en Stockport, en el norte de Inglaterra, recuerdo que un sacerdote amigo mío me recomendó que leyera el libro de Sherry Weddell, entonces recién publicado, *Formación de Discípulos Intencionales*. Empecé con mucha desconfianza, pero pronto me di cuenta de que no podía dejarlo. Era un libro que hablaba directamente de mi experiencia como discípulo de Cristo y párroco. Este libro es una contribución importante a la teología pastoral contemporánea y debería ser una lectura esencial en el seminario y para cada clérigo, religioso o laico comprometido con el ministerio pastoral. *Formación de Discípulos Intencionales* busca reenfocar la vida y la misión de la Iglesia en la evangelización (desde el mantenimiento hasta la misión) y habla de cómo podemos ayudarnos a nosotros mismos y a los demás a llegar a una relación personal más profunda con Jesucristo, dentro de su Cuerpo, la Iglesia.

El nuevo capítulo inicial ya no se centra sólo en el panorama estadounidense, sino que incluye datos actualizados del trabajo de Sherry Weddell en el Reino Unido, Australia, Nueva Zelanda y Alemania durante los últimos diez años. Al abordar el casi inexorable declive de la práctica y la asistencia a Misa, un fenómeno explorado también por otros, especialmente por Stephen Bullivant en sus obras *Mass Exodus* (Éxodo de la Misa) y *Why Catholics Leave* (Por qué se alejan los católicos), Weddell va al meollo del asunto: la fe personal. Los programas parroquiales suelen "sacramentar" a las personas antes de evangelizarlas. La catequesis comunica las doctrinas de la fe, pero sin compartir la sabiduría espiritual de la Iglesia sobre la oración y la espiritualidad, tal y como se evidencia en las Escrituras y en las vidas, enseñanzas y escritos de los santos. Pocos profesores, catequistas y clérigos nos enseñan a rezar o a relacionarnos más íntimamente con Dios nuestro Padre, *cor ad cor*. Por eso no es de extrañar que muchas personas en las bancas de nuestras iglesias ni siquiera estén seguras de que Dios existe, y mucho menos de que pueden tener una relación personal con Él que cambie su vida. Aunque hayan sido educados en las diversas prácticas de la fe, se alejan o se desaparecen, convirtiéndose con el tiempo en "ningunas", es decir, personas sin afiliación religiosa. Algunos, al no ver satisfechas sus necesidades espirituales, se unen a otras comunidades.

Desde que me convertí en obispo de Portsmouth, he tratado de compartir muchas de estas ideas con el clero y los laicos de nuestras parroquias y escuelas. Esto ha llevado a replantear en gran medida los programas de RICA, los cursos de preparación sacramental y los grupos parroquiales. Además, en los diez años transcurridos desde la publicación original de *Formación de Discípulos Intencionales*, la Iglesia universal ha desarrollado su propia enseñanza y reflexión sobre estas cuestiones. Por lo tanto, no es una sorpresa que tanto *Evangelii Gaudium* (2013) del

Papa Francisco como el Directorio para la Catequesis (2020) del Consejo Pontificio para la Promoción de la Nueva Evangelización retomen muchos de los temas que este libro explora.

Una característica muy útil de *Formación de Discípulos Intencionales* es su análisis distintivo de los cinco "umbrales de la conversión" que conducen desde la confianza, la curiosidad y la apertura a la búsqueda activa y el discipulado intencional. En el pasado, los estudios sobre la fe se han centrado a menudo en la *fides quae*, es decir, el contenido o los objetos de la fe, en lugar de la *fides qua*, el sujeto o la persona de la fe y su camino en la fe. Como la experiencia demuestra constantemente (y esto se refleja también en los comentarios del reciente proceso sinodal) el primer umbral (la confianza) es a menudo el más difícil de cruzar. ¿Confío en la persona que me habla? ¿Soy capaz de confiar en este sacerdote, en esta comunidad parroquial, en esta Iglesia? ¿Incluso me "agradan" estas personas? Hoy en día se habla mucho del acompañamiento, de la acogida, de la inclusión y de la necesidad de que las comunidades parroquiales se esfuercen más. Este primer umbral de confianza es crucial. Se dice que San Padre Pío comentó una vez que la evangelización de Inglaterra tendrá lugar "persona a persona". En otras palabras, los programas y las presentaciones de grupo son importantes, pero no pueden o no deben sustituir el encuentro personal y el acompañamiento, la construcción de la confianza y la amistad de tú a tú, la sensación de que soy amado y querido por esta persona, esta comunidad y, sobre todo, por el propio Señor. Esto tiene amplias implicaciones para el trabajo pastoral y los recursos necesarios.

Los umbrales de la conversión son un análisis único del recorrido y las etapas por las que un discípulo llega a la fe y a una relación personal con Jesucristo. Merecen mucho más estudio y reflexión. Es interesante explorarlos y ponerlos a prueba a la luz de la experiencia pastoral y del propio camino de fe. En la reedición y actualización de *Formación de Discípulos Intencionales*, espero que se les preste una atención renovada, especialmente a los dos primeros umbrales, la confianza y la curiosidad, que pueden ser obstáculos para muchos que están abiertos a conocer más a Jesucristo y a su Iglesia.

El concepto de Sherry Weddell se profundizó aún más en sus libros posteriores *Becoming a Parish of Intentional Disciples* (Convertirse en una parroquia de discípulos intencionales) (2015), *Fruitful Discipleship* (Discipulado fecundo) (2017) y *Saints who Transformed Their World* (Santos que transformaron su mundo) (2019). Estos se centran en la identificación de los carismas que Dios da a cada persona y cómo podrían desarrollarse para la misión y el servicio. En la Diócesis de Portsmouth, *Formación de Discípulos Intencionales* se ha convertido en la plataforma de lanzamiento de dos programas desarrollados por el Instituto Catalina de Siena: *Called and Gifted* (Llamados y dotados) y *Ananias Training* (Formación de Ananías).

C*alled and Gifted* (Llamados y dotados) se ha hecho muy conocido en esta diócesis y en otros lugares del Reino Unido, gracias a su disponibilidad en línea y en persona. Se trata de un proceso de discernimiento que ayuda a desentrañar nuestro camino de fe, a identificar y comprender los dones (carismas) que Dios nos ha dado y a descubrir la misión única que Dios desea que llevemos a cabo en la vida cotidiana. Implica conversaciones individuales. Para muchos, será la primera vez que hablen con otra persona en profundidad sobre su relación con Dios. También incluye una "fase de experimentación" en la que alguien puede poner a prueba los carismas que cree haber recibido, compartiendo su experiencia de forma confidencial dentro de un pequeño grupo. Calculamos que hasta un 10% de los feligreses activos de la diócesis de Portsmouth han participado en el programa Llamados y dotados. El programa ha tenido un impacto considerable en nuestra cultura diocesana, lo que ha llevado a un aumento del voluntariado y al crecimiento de la fe.

El objetivo de *Ananias Training* (Formación de Ananías) es ayudar a un seguidor de Cristo a participar en la escucha evangelizadora de los demás y en conversaciones evangelizadoras. Se trata de acompañar a los demás, dondequiera que se encuentren en su camino de fe, por la senda del discipulado. Gran parte de esto es el arte de escuchar y ser sensible a las señales que otra persona da. Es una escucha profunda que no juzga y es amorosa. Significa ser consciente de los cinco umbrales de la conversión y de lo que en una conversación en este punto podría o no ser lo apropiado para decir o la forma de responder. Para llevar a cabo este trabajo, los propios discípulos deben primero "apropiarse", tomar conciencia de su propio camino de fe y de cómo articularlo, es decir, cómo dar testimonio de su propia fe de la manera y en el momento adecuados.

"Serán mis testigos en Jerusalén, en toda Judea, en Samaría y hasta los extremos de la tierra" (Hechos 1, 8). Estas palabras de Jesús nos recuerdan que, como discípulos suyos, somos también sus apóstoles y embajadores, y que ayudar a alguien a entablar una relación personal y más profunda con Jesucristo es el mayor acto de caridad que podemos conceder. Estoy muy agradecido con Sherry Weddell y Our Sunday Visitor por invitarme a escribir este prólogo, y me complace especialmente recomendar esta nueva edición del décimo aniversario de *Formación de Discípulos Intencionales*. Este libro es ya un clásico. Ha tenido un gran impacto en mi propio pensamiento y ministerio como obispo. Rezo para que, por la gracia de Dios, su influencia pueda permear aún más el pensamiento y, sobre todo, la práctica del catolicismo contemporáneo. Que conduzca a una profundización de la fe en aras de una misión y un servicio más generosos.

In Corde Iesu
+Philip
Domingo de Pentecostés, 5 de junio de 2022

Introducción

En el año 1997, el Padre Michael Sweeney, O.P., y yo fundamos el Instituto Catalina de Siena, un ministerio de la Provincia Dominica del Oeste. Nuestra misión es ayudar a las parroquias a formar apóstoles laicos. En ese entonces, nosotros pensábamos que la mayoría de los católicos solamente necesitaban una formación apostólica sólida para poder discernir y responder al llamado de Dios. En el instituto utilizamos el proceso de discernimiento “Llamados y Dotados” que yo desarrollé con el fin de presentar a los católicos la idea de que ellos son apóstoles con una misión adquirida por virtud de su bautismo. Hasta la fecha, más de 65,000 católicos — sacerdotes, seminaristas, religiosos y laicos” — han pasado por el proceso “Llamados y Dotados” en cientos de parroquias en 105 diócesis de 5 continentes.

En cierto modo, este libro comenzó a tomar forma en 1993, cuando siendo voluntaria, impartí el primer taller de “Llamados y Dotados” a veinte personas en Seattle. Desde un principio, yo ofrecía lo que llamaba “entrevistas sobre los dones”, que eran sesiones privadas de una hora para ayudar a las personas a reconocer los dones que Dios les había dado.

Muchos católicos compartían conmigo sus historias y cómo Dios los había utilizado para beneficio de los demás. En ese entonces, yo solamente asentía con la cabeza pues no tenía idea de lo que debía estar buscando al escuchar a estas personas. Con el tiempo y la experiencia, he aprendido y capacitado a miles de líderes pastorales para que puedan realizar estas entrevistas de discernimiento.

Una de estas entrevistas fue particularmente excepcional, ya que llevó al Instituto a involucrarse directamente con la evangelización. En el año 2004, el sacerdote dominico Mike Fones y yo nos encontrábamos impartiendo un curso en una ciudad importante de Canadá, en la que el párroco nos había pedido que entrevistáramos a algunos de sus líderes. Mientras entrevistaba a una mujer que era la líder del Grupo de Mujeres Católicas de la parroquia, me di cuenta de que las experiencias que ella estaba compartiendo conmigo eran tan vagas que no podía encontrar ninguna evidencia de la manera en la que Dios la estaba usando para el bien de los demás. Como los carismas no se manifiestan hasta que la persona interioriza su fe, decidí pedirle que me hablara sobre un momento decisivo en su vida espiritual para así concentrar mi atención en los años posteriores a ese momento. Por lo tanto, le hice una pregunta que nunca había utilizado en mis entrevistas: *¿Podrías describirme brevemente cómo es tu relación con Dios en este momento en tu vida?*

Después de pensar unos segundos, ella respondió bruscamente, "Yo no tengo una relación con Dios". Su respuesta me dejó atónita. Lo primero que pensé fue: "Eso no es posible. Eres una de los líderes de la parroquia. No podrías serlo si no tuvieras *algún* tipo de relación con Dios. Quizás hice la pregunta equivocada". Entonces pasé el resto de la entrevista hablando con ella sobre su relación con Dios. Para el final de nuestra conversación, me di cuenta de que esta mujer me había descrito con exactitud su realidad espiritual cuando contestó mi pregunta. Aunque Dios tenía una relación con ella (¡de otro modo ella no existiría!), ella no tenía una relación consciente con Dios. ¡Con razón no podía discernir sus carismas! A su trabajo parroquial le faltaba motivación espiritual.

Reflexioné mucho sobre esa entrevista. Después le dije al Padre Mike: "Esta ha sido la entrevista más maravillosa que he realizado. Quizás deberíamos hacer esa pregunta más frecuentemente". Así es que ambos comenzamos a pedir a las personas que entrevistábamos que describieran su relación con Dios. Las respuestas que obteníamos de cientos de católicos ordinarios y de líderes parroquiales alrededor del mundo eran reveladoras y con frecuencia sorprendentes. Y hemos aprendido mucho más al escuchar a los más de 1,600 líderes diocesanos y parroquiales en más de 60 diócesis que han asistido a nuestro taller de evangelización "Formación de Discípulos" en los últimos once años.

¿Qué hemos aprendido? Hemos aprendido que existe un abismo del tamaño del Gran Cañón entre la teología sofisticada de la Iglesia sobre el apostolado laico y la experiencia espiritual personal de la mayoría de nuestra gente. Este abismo tiene un nombre: *discipulado.* Hemos aprendido que hasta la mayoría de los católicos americanos "activos" aún se encuentran en una etapa inicial y básicamente pasiva en su desarrollo espiritual. Hemos aprendido que la necesidad esencial a nivel parroquial no es catequética. Más bien, nuestro problema fundamental es que la mayoría de las personas aún no son discípulos. Nunca serán discípulos hasta que comiencen a seguir a Jesucristo como parte de su Iglesia.

Aprendimos que, a nivel parroquial, hemos aceptado este abismo entre las enseñanzas de Cristo y la relación viva de los católicos con Dios como *normativo,* y que esto ha forjado nuestra cultura comunitaria, nuestras conjeturas pastorales y nuestras prácticas parroquiales con resultados devastadores.

Hemos descubierto que, para nuestra sorpresa, muchos líderes parroquiales ni siquiera poseen una categoría conceptual de lo que es el discipulado. Mientras esta siga siendo la realidad en nuestras parroquias, la teología del laicado y las enseñanzas sobre justicia social y evangelización de la Iglesia seguirán siendo bellos ideales que prácticamente son letra muerta para la mayoría de los católicos.

Por último, aprendimos que Dios, en su divina providencia, nos ha dado los recursos teológicos, pastorales y prácticos que necesitamos para avanzar hacia el nuevo siglo con el poder para vencer este y todos los obstáculos que se presenten. Este libro, como todas las obras del Instituto Catalina de Siena, tiene el propósito de ayudar a la Iglesia a lograr ese objetivo.

Casi todo el trabajo del Instituto se ha realizado dentro del sistema parroquial, y no por medio de movimientos eclesiales u otros grupos especializados. Yo siento una profunda admiración por esos movimientos; sin embargo estos solamente alcanzan a 1 o 2% de los miembros de la Iglesia. El único contacto que la mayoría de los católicos tienen con la Iglesia es mediante su parroquia local. Por esta razón hemos concentrado nuestros esfuerzos en preparar a las parroquias. Si la vida parroquial cambia, la vida de toda la Iglesia cambiará también.

En los niveles del seminario y de las universidades, hay muy poca información disponible sobre la evangelización práctica, sobre todo en lo que se refiere a evangelización efectiva en los niveles parroquiales de las sociedades postmodernas del Occidente. La mayoría de las parroquias evangelizadoras que hemos encontrado llevan entre dos y cinco años en este proceso. La parroquia con la que hemos trabajado más tiempo solo tiene dieciocho años de haber comenzado a evangelizar. Yo solamente llevo veintiún años escuchando las experiencias de otros católicos. Todos somos pioneros en este tema y todavía estamos pasando por una curva de aprendizaje muy pronunciada.

La buena noticia es que hemos conocido a muchos líderes pastorales maravillosos y creativos, quienes de manera deliberada invitan a hombres y mujeres católicos a emprender el recorrido hacia el discipulado intencional y ya comenzamos a ver los frutos de sus esfuerzos. La información y sabiduría contenidos en este libro provienen de los miles de hombres y mujeres católicos alrededor del mundo que nos han compartido sus experiencias. Además, me he apoyado en las vivencias de una red de pioneros en la evangelización y de colaboradores pastorales. Yo sólo soy capaz de compartir en este libro lo que hemos aprendido de las enseñanzas de la Iglesia y lo que Dios ha hecho con su pueblo hasta ahora. Eso quiere decir que todavía hay muchas lagunas y muchas preguntas sin contestar. Sin embargo, yo creo que existe una trayectoria definida en esta experiencia de aprendizaje y que las consecuencias nos llenan de alegría y esperanza.

CAPÍTULO 1

Dios no tiene nietos

"El sembrador salió a sembrar. Y mientras sembraba, unos granos cayeron a lo largo del camino: vinieron las aves y se los comieron. Otros cayeron en terreno pedregoso, con muy poca tierra y brotaron enseguida, pues no había profundidad. Pero apenas salió el sol, los quemó y, por falta de raíces, se secaron. Otros cayeron en medio de cardos: estos crecieron y los ahogaron. Otros granos, finalmente, cayeron en buena tierra y produjeron cosecha, unos el ciento, otros el sesenta y otros el treinta por uno".

MATEO 13, 3–8

Solo habían transcurrido unos cuantos meses desde mi conversión al catolicismo cuando un sacerdote me explicó por primera vez que los amigos que en ese momento se estaban alejando de la Iglesia, terminarían por regresar cuando se casaran o tuvieran hijos. Este hombre lleno de vigor fue ordenado antes del Concilio Vaticano II y todavía sigue activo. Él tenía una confianza serena en el irresistible poder de atracción que una infancia católica y los sacramentos pueden tener en una persona. Un joven puede alejarse, pero siempre regresará, capturado, según G. K. Chesterton, por el "anzuelo e hilo invisible lo bastante largo para permitirle vagar hasta los confines del mundo, y aún traerlo de vuelta".[1]

Treinta años después, todos estamos conscientes de que una infancia católica no es irresistible y que pocos católicos que se alejan simplemente regresan cuando forman una familia, si es que esto sucede. Esa era una esperanza que todavía se basaba esencialmente en los supuestos de la cristiandad, y en 2022 (incluso más que cuando escribí la primera edición de este libro en 2012) sabemos realmente que ya no estamos viviendo en la cristiandad. Este libro fue escrito, y ahora está siendo actualizado, para abordar esa realidad.

FORMACIÓN DE DISCÍPULOS INTENCIONALES DIEZ AÑOS DESPUÉS

Para sorpresa de todos (¡especialmente mía!), la primera edición de *Formación de Discípulos Intencionales* (*FDI*) se hizo viral casi inmediatamente. La respuesta al libro fue como si me cayera un rayo. Hasta la fecha, *FDI* ha vendido 175,000 ejemplares, ha sido traducido al español, al alemán y al polaco, y ha sido leído por católicos de todo el mundo, desde Denver hasta Singapur, en diócesis, seminarios, parroquias y escuelas de posgrado. Muchos obispos entregaron ejemplares a todo su clero, y cientos de párrocos leyeron y discutieron el *FDI* con sus líderes parroquiales. Ministros de la parroquia, del campus y de jóvenes, profesores de escuelas católicas y miembros de los apostolados y movimientos han leído y aplicado lo que compartimos en 2012 en docenas de formas creativas y notablemente fructíferas. Diez años después, hemos aprendido mucho más.

Esta es la edición del décimo aniversario de *Formación de Discípulos Intencionales*, que incluye los capítulos 1 y 12 completamente actualizados. En el capítulo 1, daré una amplia explicación de nuestra situación en 2022, comenzando con los cambios realmente significativos en la comprensión y la práctica católica de la evangelización que han tenido lugar durante la última década en los Estados Unidos. También hablaré brevemente de los nuevos y continuos desafíos a los que nos enfrentamos tanto en Estados Unidos como en otras partes de Occidente. En los once capítulos siguientes, exploraré cómo podemos no sólo detener nuestras pérdidas, sino hacer discípulos y formar apóstoles de los millones de católicos y no católicos que están buscando identidad, significado y esperanza en este mismo momento. Como siempre, me basaré en la sabiduría de la red internacional de profesores y colaboradores del Instituto y en todo lo que hemos aprendido juntos a lo largo de veinticinco años de trabajo directo con cientos de miles de católicos en más de 1,000 parroquias de 250 diócesis.[2]

En 2012, todavía no estaba segura de la magnitud de lo que habíamos aprendido a lo largo de quince años de trabajo principalmente dentro de los Estados Unidos, que se aplicaría fuera de ese país. Desde entonces, también hemos trabajado ampliamente en toda Norteamérica, Europa Occidental y Australia/Nueva Zelanda, así como en partes de Asia muy influenciadas por la cultura occidental. Siempre que trabajamos en otros países, consultamos con los católicos locales para ver si el camino hacia el discipulado intencional que se describe en *FDI* se ajusta a su experiencia.

Me han dicho muchas veces que la premisa básica de *FDI* es válida en todos los lugares donde la cultura posmoderna ha tenido un impacto significativo. Y que nuestra percepción del camino espiritual personal (incluyendo los umbrales de la conversión y la necesidad de convertirse en discípulos intencionales) es a la vez fiel a la enseñanza de la Iglesia y poderosamente transformadora, tanto para los individuos como para las comunidades. *FDI* dio nombre a un misterio con el que muchos de nosotros habíamos estado luchando durante años. Como me dijo un líder diocesano católico después de leer por primera vez *Formando Discípulos Intencionales*, "Fue como si estuvieras leyendo mi diario; como si hubieras estado presente en cada conversación que he tenido en los últimos cuatro años…".

¿QUÉ AVANCES POSITIVOS EN LA VISIÓN Y LA PRÁCTICA DE LA EVANGELIZACIÓN CATÓLICA HEMOS VISTO SURGIR EN LOS ÚLTIMOS DIEZ AÑOS?

1) Relación personal con Dios

Un asombroso número de católicos se sorprendió y entusiasmó al descubrir a través de *FDI* que podían tener una relación personal con Dios. Aunque la mayoría de los líderes católicos con los que he hablado y trabajado fueron criados por padres practicantes en la Iglesia, *un número significativo me ha dicho que no sabían que era posible tener una relación con Dios hasta que leyeron* Formando *Discípulos Intencionales.* Después de la publicación de este libro, líderes católicos de todos los niveles (obispos, sacerdotes, profesores de seminarios, religiosos, diocesanos y personal de parroquias) comenzaron a compartir conmigo en privado que no habían sido discípulos cuando comenzaron su ministerio, tomaron sus votos religiosos o fueron ordenados. Cuando me reuní con ellos, estaban ansiosos por compartir cómo se habían convertido en discípulos en los años posteriores, y cómo sus vidas y ministerios habían cambiado como resultado. Gracias a Dios, en 2022 hablar de una relación personal con Jesús por lo general ya no se considera "protestante" o "anticatólico" o, como me dijo una mujer católica, "una traición a mi fe católica".

2) El Nombre de Jesús

Un cambio especialmente positivo es que muchos católicos hablan ahora con libertad y naturalidad de Jesús. Jesús ya no es "el que no debe ser nombrado" (como dijo un ingenioso amigo católico). Ahora vivimos cada vez más lo que enseña el *Catecismo de la Iglesia Católica*: "Decir 'Jesús' es invocarlo desde nuestro propio corazón. Su Nombre es el único que contiene la presencia que significa. Jesús es el resucitado, y cualquiera que invoque su Nombre acoge al Hijo de Dios que le amó y se entregó por él" (2666).

En la actualidad, los católicos consideran que hablar de Jesús es algo normal y no algo inapropiadamente personal o irreverente. Papas como San Juan Pablo II habían ejemplificado durante mucho tiempo ese lenguaje sencillo, personal y relacional: "¿Qué más podría haber hecho Jesús por nosotros? Verdaderamente, en la Eucaristía, nos muestra un amor que llega 'hasta el final' (cf. Jn 13,1), un amor que no conoce medida".[3] Pero ahora los obispos, sacerdotes y laicos católicos de todos los niveles se sienten mucho más cómodos hablando de Jesús por su nombre, y es más probable que lo hagan ahora, que hace diez años.

Hace poco tuve el privilegio de escuchar una homilía extraordinaria, aunque muy sencilla, de mi propio obispo, el obispo James Golka. Desde entonces he estado reflexionando sobre por qué su homilía me pareció tan fresca y alentadora. La lectura del Evangelio fue Lucas 5, 1-11, en el que Jesús llama a sus primeros discípulos a través de la pesca milagrosa y luego le dice a Pedro que a partir de entonces pescaría hombres. En su homilía, el Obispo Golka utilizó lo que he llegado a considerar como lenguaje "Emmanuel" o *"Dios con nosotros ahora mismo"*. En primer lugar, utilizó el nombre personal de Jesús una y otra vez (más de doce veces a lo largo de la homilía) de una manera que realmente destacó. No había duda de quién era el centro de la historia, y de que era una persona real y viva con la que había que encontrarse hoy. Al hablar de Jesús, el Obispo Golka utilizó un lenguaje en tiempo presente ("Jesús está haciendo...") en lugar de en tiempo pasado, y una voz viva y activa ("Jesús salta a la barca de Pedro") en lugar de una voz pasiva. Y lo hizo con coherencia a lo largo de su homilía. Salí de allí con la fuerte sensación de que Jesús está presente ahora mismo, activo ahora mismo, y que busca intencionada, vigorosa y amorosamente mi respuesta activa y personal a su iniciativa.

3) El Kerigma o Gran Historia de Jesús

Antes de *FDI*, cada vez que hablaba del kerigma con los líderes parroquiales y diocesanos, descubría que muy pocos estaban familiarizados con el término o el concepto. Por eso dediqué el capítulo 10 al kerigma. Uno de los cambios más emocionantes es que el kerigma (la proclamación del esquema básico de la vida, las enseñanzas, los milagros, la pasión, la muerte, la resurrección y la ascensión de Jesús, que despierta la fe inicial y el discipulado) se entiende cada vez más como el fundamento no negociable y el corazón de la catequesis y la predicación. Obispos, sacerdotes y diáconos nos preguntan: "¿Cómo podemos hacer que nuestra predicación sea verdaderamente kerigmática y evangelizadora?". Los católicos de 2022 no sólo "soltamos" el nombre de Jesús con regularidad, sino que entendemos lo crucial que es hacer el esfuerzo de contar su historia completa una y otra vez, dando a todos la oportunidad de reflexionar quién es Jesús, lo que ha hecho y está haciendo por nosotros, ¡y cómo nos llama a responder! Una fe católica verdaderamente viva se entiende cada vez más como una respuesta integral a la llamada del Señor Jesús a seguirle como discípulo en medio de su Iglesia.

4) El evangelismo de escucha y los umbrales de la conversión

Los "Umbrales de la conversión" han demostrado ser

increíblemente fructíferos desde que los descubrimos y empezamos a trabajar con ellos en otoño de 2005. El impacto de entender y ser capaz de escuchar los umbrales o etapas de desarrollo espiritual en los caminos espirituales de otros (capítulos 5 a 8) y dominar el arte de tener "conversaciones sobre el umbral" (capítulo 9) ha resultado ser enorme. En nuestra cultura rápidamente secularizada, saber cómo mantener conversaciones positivas sobre la fe con familiares, amigos y conocidos escépticos o apartados (conversaciones que construyan verdaderos puentes espirituales y despierten una genuina curiosidad espiritual) es algo que cambia la vida. Por eso nuestro lema se convirtió rápidamente en: "Nunca aceptes una etiqueta en lugar de una historia". Saber cómo mantener conversaciones sobre el umbral ha dado a los católicos la capacidad de escuchar realmente a los demás sin juzgarlos ni temerlos y con intencionalidad. Los católicos con los que trabajamos se sorprenden constantemente de que la escucha atenta de la historia del camino de fe de otra persona tiene poder para sanar y llevar a alguien a Dios. La gente nos dice que ha sido maravillosamente liberador para ellos darse cuenta de que pueden ayudar intencionadamente a otro a crecer en su relación con Dios.

5) Conversión, fe personal y Gracia sacramental

En 2022, hay un nuevo nivel de conciencia pastoral y de conversaciones sobre la enseñanza centenaria de la Iglesia acerca de la necesidad de la fe personal, el arrepentimiento y el discipulado para que las gracias de los sacramentos que hemos recibido válidamente den su fruto previsto. Muchos líderes están aplicando la teología de la Iglesia sobre la fe personal y la Gracia sacramental (capítulo 4) en el contexto de ministerios como RICA, la pastoral juvenil, la preparación sacramental, la evangelización y la formación en la fe de los adultos, y están viendo un cambio positivo en la vida de las personas.

6) Diócesis y parroquias enteras comprometidas con la formación de discípulos

Diócesis enteras en los Estados Unidos y el Reino Unido (desde el obispo hacia abajo) y muchas parroquias se están comprometiendo con la evangelización y la formación de discípulos. Los obispos, los párrocos y los líderes parroquiales que abrazan juntos la "misión esencial" y la "identidad más profunda"[4] de la Iglesia, hacen posible el diseño de *itinerarios eficaces de discipulado* que combinan experiencias de evangelización, formación y oportunidades de oración en un camino espiritual basado en la parroquia que ayuda eficazmente tanto a los católicos como a los no católicos a convertirse en discípulos. Ha sido muy alentador ver cómo individuos y comunidades enteras crecen en la esperanza sobrenatural de que Dios está actuando y que la transformación real es posible. Muchos miembros del personal de la parroquia nos han dicho que es la primera vez que pueden hablar abiertamente de su relación con Dios en una reunión del personal o del comité de la parroquia. Se ha producido la correspondiente explosión de interés y uso parroquial de procesos y herramientas de evangelización como el Curso Alfa, Descubriendo a Cristo, *Catholic Christian Outreach*, *Evangelical Catholic* y *Ananias Training*.[5]

7) Nuestra gente es nuestra riqueza

Cuando empezamos a tomar en serio el discipulado de todos los bautizados, ¡más vale que nos preparemos para que Dios se mueva! Porque estamos abriendo una puerta increíble a todas las formas en que Dios desea bendecir y sanar el mundo a través de sus carismas, vocaciones y la vida del discipulado. Cuando las comunidades parroquiales llaman a la gente a seguir a Jesús, ¡los carismas y las vocaciones personales comienzan a surgir en las vidas de los nuevos discípulos! El liderazgo y la fecundidad apostólica que viene con los carismas comienza a manifestarse y a derramarse en el mundo, y la fe de la comunidad católica en Dios crece a pasos agigantados. Hemos ayudado a cientos de miles de católicos a discernir sus carismas y hemos visto con asombro y admiración cómo responden a la llamada de Dios que viene con un carisma. El proceso de discernimiento es un camino de evangelización en sí mismo. Los que aún no son discípulos salen fascinados por las posibilidades que se les presentan y se abren más a la relación personal con Dios de la que surgen los carismas. Los discípulos ven la importancia de la oración y la recepción de los sacramentos para crecer en su capacidad de estar abiertos para los propósitos de Dios. (Ver los capítulos 3 y 11 para más información sobre los carismas).[6]

Por muy alentadores e importantes que sean estos avances en la visión y la práctica evangélica católica, el ritmo del cambio religioso y cultural en Occidente no ha disminuido ni un minuto. Los últimos años han sido duros para los católicos de Estados Unidos y de todo el mundo en muchos sentidos. ¿Dónde estamos ahora?

El cristianismo en Estados Unidos

En la primera edición de *FDI*, cité en gran medida la encuesta del Panorama Religioso en Estados Unidos del Centro de Investigaciones Pew de 2007. El estudio de Pew de 2021 reveló que la identidad cristiana en su conjunto en Estados Unidos ha seguido disminuyendo y el número de estadounidenses que afirman "no tener religión" sigue creciendo rápidamente. A menos que esta trayectoria cambie, Estados Unidos probablemente se unirá a la lista de naciones en las que los cristianos son una minoría en 2050.

2007	2021
78% de adultos en EE.UU. se identificaron como cristianos	**63%** de adultos en EE.UU. se identificaron como cristianos
16% de adultos en EE.UU. "no tienen religión"	**29%** de adultos en EE.UU. "no tienen religión"
5% se identifican con otras religiones	**6%** se identifican con otras religiones[7]

Los recientes descensos entre los cristianos estadounidenses se concentran en el protestantismo:

2007	2021
30% de adultos en EE.UU. se identificaron como evangélicos[8]	**24%** de adultos en EE.UU. se identificaron como evangélicos
22% de adultos en EE.UU. se identificaron como protestante tradicional	**16%** de adultos en EE.UU. se identificaron como protestante tradicional

Mientras que la comunidad protestante, tanto evangélica como tradicional, ha disminuido significativamente, *el porcentaje católico de la población adulta de Estados Unidos se ha mantenido relativamente estable entre 2007 y 2014 y sin cambios entre 2014 y 2021.*

2007	2014	2021
católicos 24%	**católicos 21%**	**católicos 21%**

En 2007, el 56% de todos los adultos de EE.UU. dijeron que la religión es "muy importante" para ellos. En 2021, sólo el 41% de todos los adultos dijo que la religión es "muy importante" (mientras que el 25% de los adultos estadounidenses dijo que la religión es algo importante y el 33% nada importante).

Entre los cristianos estadounidenses, se desglosa así

- Protestantes evangélicos (todas las razas): la religión es muy importante (2007: 79%); (2021: 80%)
- Protestantes no evangélicos: la religión es muy importante (2007: 52%); (2021: 41%)
- Católicos: muy importante (2007: 56%); (2021: 48% "muy", "algo" 34%, "no" 18%)
- Católicos blancos (2021): muy importante (41%), algo (37%), nada (22%)
- Católicos hispanos (2021): muy importante (54%), algo (32%), nada (14%)
- Sin religión (2021): la religión es muy importante (6%), algo (15%)[10]

Una de las conclusiones más sorprendentes es que, aunque el número de protestantes evangélicos ha disminuido, el celo religioso de los que se aferran a la identidad evangélica no ha disminuido ni un ápice. *En 2021, la religión sigue siendo tan importante para los evangélicos como lo era en 2007*. Eso no aplica para los protestantes no evangélicos que tienen un 21 por ciento menos de probabilidades, y los católicos, que tienen un 11 por ciento menos de probabilidades de decir que la religión es "muy importante". Los católicos hispanos son un 32% más propensos a decir que la religión es "muy importante" que los católicos blancos.

El cálculo del Centro para la Investigación Aplicada en el Apostolado (CARA, por sus siglas en inglés) sobre la población católica de EE.UU. en 2021 es muy similar a la de Pew: 72.3 millones de católicos o el 22% de la población estadounidense. CARA proporciona un cálculo sorprendentemente grande de "adultos ex católicos" en los EE.UU. en 2021: 39.6 millones de adultos.

Contemplemos esto por un momento: Si este "cálculo basado en una encuesta" es exacto, *40 millones de adultos estadounidenses (el 6.5% de la población adulta de Estados Unidos) fueron católicos en algún momento de su vida, pero han abandonado esta identidad*.[11]

En la primera edición de *FDI*, señalé: "El 21 por ciento de los católicos hispanos que siguen siendo católicos dijeron a los encuestadores de Pew que estaban abiertos a cambiar de fe y el 5 por ciento no sabía o se negó a responder a la pregunta".[12] Diez años después, el porcentaje de hispanos estadounidenses que se consideran católicos es, exactamente, un 21 por ciento menor. El número de hispanos estadounidenses que aún se consideran católicos ha descendido a solo el 47 por ciento en 2019, cuando en 2007 era del 68 por ciento.[13] La mayoría de los hispanos católicos que se desprendieron de su identidad católica en los últimos diez años ahora se consideran "sin afiliación" o "ninguna".[14]

Ha habido enormes dificultades para tratar de medir la asistencia a Misa en medio de una pandemia que hizo que las diócesis de todo el mundo suspendieran la obligación de asistir a Misa y que los gobiernos locales cerraran comunidades enteras durante meses o incluso un año o más. El mejor cálculo de CARA, basado en una encuesta, es que el 17.3% de los católicos estadounidenses asistían a Misa semanalmente y el 36.6% lo hacían al menos mensualmente en 2021.[15] Es posible que no conozcamos las verdaderas cifras de asistencia tras la pandemia hasta dentro de uno o dos años.

¿Qué quieren decir los católicos estadounidenses cuando dicen que creen en Dios?

Hace unos años conocí a una mujer ("Susan") en una gran conferencia. Susan me dijo que, aunque había crecido en una familia católica practicante, pensaba que "Dios" era un distante ejecutor de reglas que no la quería a ella ni a su familia y que sólo aparecía cuando te portabas mal para castigarte. Pero Susan me sorprendió realmente cuando describió una dramática separación entre "Dios" y "Jesús". Me dijo que de niña también suponía que Jesús (a quien describía como su "amigo") no era Dios. ¡Jesús era su amigo, pero Dios definitivamente no lo era!

Susan me dijo que había leído *FDI* tres años antes, lo que desencadenó un "largo camino" para llegar a conocer a Dios como su Padre amoroso y a Jesús como Dios encarnado. Pero su afirmación de que, *como niña católica practicante en una familia católica practicante, había asumido que "Dios" era distante e indiferente y que Jesús no era Dios*, me hizo iniciar otra búsqueda. Entre los católicos de toda la vida, ¿la experiencia de Susan era realmente excepcional o más común de lo que yo creía?

A raíz de mi conversación con Susan, mi colega Katherine Coolidge y yo pasamos días en otro estado escuchando a veinticinco adultos católicos de cuna, muy comprometidos actualmente, que nos contaron historias de sus propios caminos espirituales. Cuando les preguntamos por su experiencia y lo que pensaban de Dios cuando eran niños, todo se volvió muy ambiguo. Me aseguraron que habían creído en Dios, pero cuando les pregunté: "¿Pueden describir al Dios en el que creían?", rápidamente quedó claro que no había sido el Dios de las Escrituras o de las enseñanzas de la Iglesia. Para muchos, Dios había sido un poder distante e impersonal.

Pero las cosas se pusieron realmente interesantes cuando hicimos la segunda pregunta: "¿Dónde estaba Jesús en la fe de tu infancia?". Lo que realmente llamó la atención fue que casi la mitad de estos católicos adultos dijeron que de niños habían tenido la impresión de que "Dios" estaba *separado* de Jesús, y que *Jesús no era Dios*. Para estos católicos, Jesús era aún más misterioso que Dios: un hombre bueno que de alguna manera estaba conectado con Dios, alguien que había hecho cosas buenas y que debía ser honrado y respetado. Pero no tenían muy claro cómo lo que Jesús había hecho hace mucho tiempo nos afectaba a nosotros en la actualidad.

Cuando se les preguntaba: "¿Por qué iba tu familia a Misa?", solían responder: "Porque eran las normas, era lo que se hacía". En cuanto pudieron (en la preparatoria o justo después de graduarse) casi todos se alejaron de la Iglesia durante un largo periodo de tiempo. Solo uno de los católicos de cuna al que entrevisté (ahora sacerdote) no solo procedía de una familia practicante, sino que había visto a su padre rezar en casa, había asistido a Misa semanalmente durante toda su vida y había sentido el amor de Dios desde niño. A los diecisiete años se había dado cuenta de que Jesús era Dios y que lo que hacía era por nosotros. *Pero ni siquiera él había entendido cómo y por qué las acciones de Cristo le afectaban a él y a su familia cuando era adolescente.*

Era infundada la suposición de que estos hombres y mujeres católicos conocían al Dios bíblico y los fundamentos de la fe y creían en ellos porque habían nacido y crecido en la Iglesia y habían recibido al menos algunos de los sacramentos de iniciación. Lo que me llamó la atención fue que casi todos estos niños católicos (incluso los que asistían a Misa regularmente con sus familias) habían necesitado realmente una especie de evangelización "lejana".

Por evangelización lejana, nos referimos a un enfoque de evangelización que utilizaríamos con personas que carecen de cualquier conocimiento importante y/o creencia en los conceptos cristianos más fundamentales. Digo lejana porque para que pasen de su actual punto de partida espiritual a seguir a Jesús intencionadamente como sus discípulos en medio de su Iglesia, se necesitaría el tipo de camino espiritual largo e intencionado que solíamos suponer que sólo era necesario para los no católicos o las personas sin ningún tipo de formación cristiana. Para todos ellos, el camino para llegar a ser un adulto católico activo y creyente, partiendo de una infancia vagamente católica, implicó un extenso y deliberado camino, la mayor parte del cual tuvo lugar fuera de la Iglesia.

Para obtener una perspectiva más amplia, me dirigí a nuestro Foro de Facebook "Formación Discípulos Intencionales", donde 11,500 evangelizadores católicos de todo el mundo hablan de la evangelización y la formación de discípulos veinticuatro horas al día, los siete días de la semana.[16] Cuando planteé las mismas preguntas básicas a nuestros miembros criados en el catolicismo (*¿Cómo conocías y experimentabas a "Dios" al crecer como niño católico? y ¿Dónde estaba Jesús?*), aproximadamente la mitad de los cientos que respondieron nos contaron una historia similar: de niño, "Dios" parecía ser un ejecutor de reglas distante, impersonal y sin amor, y Jesús no era Dios sino un hombre bueno, aunque misterioso, cuyo papel no estaba claro.

Obviamente, este tipo de exploración informal no es científica ni concluyente. Pero mi conclusión general es sencilla. En 2022, *la mayor parte de la preparación sacramental, la pastoral juvenil y el RICA equivalen a lo que llamamos "evangelización lejana"*. Porque una parte importante de los católicos que todavía están conectados tímidamente a nuestras parroquias (especialmente los que vuelven a la práctica parroquial temporalmente por el bien de la iniciación sacramental de sus hijos) necesitan ser abordados y acompañados más como personas que no conocen la fe, que como cristianos creyentes. Aunque sus cuerpos estén aquí (por el momento), sus mentes, corazones e imaginaciones pueden estar muy lejos y, para hacer discípulos, tendremos que caminar con ellos a través de una serie de sorprendentes fronteras espirituales.

Por ejemplo, en 2018, el 80 por ciento de los adultos estadounidenses encuestados informaron que creían en Dios, *pero solo una escasa mayoría (el 56 por ciento) informó que creía en el Dios de la Biblia* (definido como omnipotente, omnisciente y todopoderoso). El 23% dijo que creía en algún otro tipo de poder o fuerza superior.[17]

¿QUÉ DIFERENCIA HAY?

Quienes creen en algún otro poder superior o fuerza espiritual (pero no en el Dios de la Biblia) son mucho menos propensos a decir que la fuerza en la que creen es omnipotente, omnisciente y amorosa. "En pocas palabras, los que creen en el Dios de la Biblia tienden a percibir una deidad más poderosa, conocedora, benevolente y activa. Por ejemplo, casi todos los adultos que dicen creer en el Dios de la Biblia dicen que piensan que Dios ama a todas las personas independientemente de sus defectos".[18]

El porcentaje de subgrupos de cristianos estadounidenses que declaran creer en el Dios de la Biblia, omnisciente y todopoderoso, varía considerablemente.

- 91% de los protestantes negros
- 87% de los evangélicos
- 62% de los protestantes tradicionales
- 61% *de los católicos creen que Dios posee estos tres atributos.*[19]

El número de personas que creen en el Dios de las Escrituras desciende con cada nueva generación. Por ejemplo, el mismo estudio de Pew revela que *menos de la mitad (49%) de los adultos de entre 30 y 49 años cree en el Dios bíblico, el 37% cree en un poder/fuerza superior, mientras que el 13% no cree en ningún Dios o poder superior. Entre los adultos jóvenes estadounidenses de 18 a 29 años, sólo el 43% cree en el Dios descrito en la Biblia*, mientras que el 39% cree en un poder o fuerza superior y el 16% no cree en ningún tipo de Dios.[20]

El desafío Emmanuel

Lo que esto significa es que ayudar a otros (incluyendo a millones de hermanos católicos y no católico) a atreverse a creer, o simplemente a empezar a tomar en serio, la *posibilidad* de que existe un Dios amoroso y personal que está con nosotros y para nosotros, es cada vez más una de las *primeras* tareas de la evangelización. Millones de católicos no creen, de hecho, en ese Dios. Y como mi amiga Susan, tampoco creen que Jesús sea Dios.

En una encuesta realizada en septiembre de 2020 por *Ligonier Ministries*,[21] el 51% de los estadounidenses encuestados estaban de acuerdo con la afirmación de que "Jesús fue un gran maestro, pero no era Dios", lo que se consideró lo suficientemente impactante como para que el estudio llegara a las noticias nacionales. Así es como me enteré por primera vez. *Pero lo que me pareció realmente asombroso fue que* ***un porcentaje aún mayor de estadounidenses católicos (56%) que asisten a Misa semanalmente o con más frecuencia, estaban muy o bastante de acuerdo con la***

afirmación de que "Jesús fue un gran maestro, pero no era Dios". Sólo el 29 por ciento estaba muy en desacuerdo.

En caso de que nos preguntemos si la redacción de esa breve frase debe haber confundido de alguna manera a los encuestados católicos, todo lo que debemos hacer es comparar la respuesta de los evangélicos estadounidenses que participaron en el mismo estudio y que también asisten a los servicios al menos una vez a la semana. ***El setenta por ciento de los evangélicos que asisten semanalmente o con mayor frecuencia están muy en desacuerdo con la frase "Jesús fue un gran maestro, pero no era Dios",*** *mientras que sólo el 21% está de acuerdo.* En resumen, las dos comunidades cristianas más grandes y más vibrantes de los Estados Unidos (que viven en la misma cultura, que responden a la misma pregunta corta en el mismo idioma durante el mismo período de tiempo) ¡tuvieron respuestas polarmente opuestas!

Y hay otro factor que a la mayoría de los católicos creyentes les cuesta aceptar: *Un número sorprendente de personas (incluidos los cristianos) ni siquiera creen que Jesucristo fuera una figura histórica real que viviera en la tierra.*

En los Estados Unidos en 2021, la incredulidad en el Jesús histórico va desde

- 4% entre los evangélicos: 1% "no cree", 3% "no sabe"
- 12% entre los protestantes tradicionales: el 2% "no cree", el 10% "no sabe"
- 14% entre los católicos: 3% "no creen", 11% "no saben"
- 24% entre los adultos estadounidenses en su conjunto: 10% "no creen", 14% "no saben"
- 57% entre los miembros de otras religiones no cristianas: 27% "no creen", 30% "no saben"
- 62% entre las personas que dijeron no tener "ninguna religión": 33% "no creen", 29% "no saben"[22]

No estamos solos. Los ingleses nos llevan la delantera en este aspecto: Un estudio de Barna de 2022 descubrió que el 46% de todos los adultos del Reino Unido y el 51% de los jóvenes de 18 a 24 años *no creen que Jesús sea "una persona real que vivió realmente"*. El 28 por ciento de los adultos del Reino Unido pensaba que Jesús era una figura mitológica o un personaje de ficción. Sólo el 45 por ciento de los adultos del Reino Unido cree en la resurrección de Jesús, y sólo el 20 por ciento cree que Jesús era Dios en forma humana.[23]

Tenemos que entender en dónde están realmente muchos católicos (y muchos no católicos) con respecto a la comprensión de la fe católica y la creencia en Jesús en general, antes de que podamos abordar la cuestión de su creencia sobre la Presencia Real de Jesús en la Eucaristía. Podríamos no habernos quedado tan atónitos y escandalizados cuando una encuesta de Pew (Estados Unidos) realizada en febrero de 2019 encontró que

> Casi siete de cada diez católicos (69%) dicen que creen personalmente que, durante la Misa católica, el pan y el vino utilizados en la comunión "son símbolos del Cuerpo y la Sangre de Jesucristo." Sólo un tercio de los católicos estadounidenses (31%) dicen que creen que "durante la Misa católica, el pan y el vino se convierten realmente en el Cuerpo y la Sangre de Jesús."

Y

> Aproximadamente seis de cada diez (63%) de los católicos más practicantes (los que asisten a Misa al menos una vez a la semana) aceptan la enseñanza de la Iglesia sobre la transubstanciación. Sin embargo, incluso entre este grupo de católicos más practicantes, aproximadamente un tercio (37%) no cree que el pan y el vino de la

Comunión se conviertan realmente en el Cuerpo y la Sangre de Cristo (incluyendo un 23% que no conoce la doctrina de la Iglesia y un 14% que la conoce, pero no la cree).[24]

"Cuando Jesús estaba en la tierra"

Escribir esta sección me trajo vívidos recuerdos de tres homilías que escuché en tres domingos seguidos hace varios veranos. Las homilías fueron predicadas por tres sacerdotes diferentes en tres parroquias distintas. Los tres utilizaron la misma frase, "*cuando* Jesús estaba en la tierra", que claramente supone que *ya no está aquí con nosotros*. Los tres sacerdotes hablaron como si Jesús ya no estuviera aquí en la tierra, sino que se hubiera ido a algún lugar lejano y ahora estuviéramos solos. La última homilía, en particular, me dejó perpleja. Ese sacerdote se explayó: "Jesús vino, murió y resucitó. Y cuando estaba a punto de ascender al cielo, dio todas sus gracias y dones a la Iglesia, nos dijo lo que teníamos que hacer y se fue. Y ahora nos toca a nosotros". Y luego nos instó a ocuparnos de las tareas que Jesús nos asignó antes de irse... y a ser voluntarios en la parroquia.

Los tres hombres estaban predicando a pocos metros del tabernáculo, donde Jesucristo estaba personal y sacramentalmente presente en la plenitud de su sagrada humanidad, su divinidad y su obra salvadora.

Hace un par de años compartí esta historia con un grupo de sacerdotes británicos. Mi anfitrión, un sacerdote comprometido desde hace tiempo con la evangelización, protestó: "¡Pero si yo he utilizado esa frase antes!". "¡Yo también!", respondí. Casi todos los presentes habíamos utilizado esa expresión en algún momento. Nosotros (y todos los católicos que nos escucharon) no pensamos en ello porque compartimos la suposición inconsciente de que, puesto que Jesús "ascendió a la derecha del Padre en el cielo", eso significa que también debe estar lejos en algún sentido literal y espacial. Porque habitualmente hablamos del cielo como si fuera un lugar literal y espacialmente lejano.[25] Esta es una de las razones (¡hay otras!) por las que puedes acabar predicando homilías con frases como "Cuando Jesús estaba en la tierra" mientras estás a unos metros de la presencia viva de Jesús Eucarístico.

Una fe viva en la totalidad de la enseñanza de la Iglesia sobre la Presencia Eucarística de Jesús depende de una capa tras otra de supuestos. La raíz de los impactantes resultados de ese estudio de Pew es mucho más profunda que un simple fracaso de la catequesis Eucarística. Porque antes de poder creer en la Presencia Real, *primero* hay que creer que Jesús de Nazaret es una persona real que realmente vivió, que realmente resucitó de entre los muertos, que es verdaderamente Dios y también hombre, y que realmente nos ama, nos ha redimido y desea seguir estando activamente presente con nosotros por amor. *El crecimiento de la fe Eucarística en el mundo occidental del siglo XXI dependerá de la evangelización previa y de una constante "primera" proclamación de Jesucristo y de su Gran Historia, incluso entre los católicos de cuna que han recibido los sacramentos de iniciación.*

Creo que la observación de San Juan Pablo II es aún más atinada y basada en la realidad en 2022 que en 1979: Muchos no tienen todavía ninguna "adhesión explícita y personal a Jesucristo, sino solamente la capacidad de creer puesta en ellos por el bautismo y la presencia del Espíritu Santo".[26]

La misión occidental fuera de los Estados Unidos

Cada vez que salimos de Estados Unidos para trabajar con diócesis y parroquias en otros entornos occidentales, sabemos que entramos en una realidad muy diferente. Fuera de Estados Unidos, el secularismo está mucho más avanzado, e incluso en los países prósperos, las instituciones católicas, el liderazgo y los católicos creyentes y comprometidos son mucho más escasos. Pero la experiencia de estos católicos también puede servir de estímulo e iluminación para todos los que vivimos en Occidente.

Canadá

Jóvenes adultos que se quedan

Un notable estudio realizado en 2013 en Canadá, llamado *Hemorrhaging Faith* (Hemorragia de la fe), consideró no solo las razones por las que los jóvenes adultos canadienses (de 18 a 34 años) criados como cristianos abandonan la Iglesia, sino también *por qué se quedan*. El estudio identificó cuatro factores cruciales que, en conjunto, aumentan en gran medida la probabilidad de que los niños criados en comunidades cristianas continúen practicando su fe como adultos creyentes y que hemos encontrado aplicables y extremadamente útiles en los Estados Unidos y en varios países diferentes:

1. Habían experimentado la presencia y el amor de Dios y habían visto a Dios responder a la oración.
2. Podían *discutir abiertamente sus verdaderas cuestiones espirituales dentro de la comunidad cristiana.*
3. Habían escuchado y reflexionado sobre la Gran Historia de Jesús (el kerigma) a un nivel profundo.
4. Habían experimentado comunidades de fe y adultos mayores (padres y otros adultos) viviendo la fe cristiana de manera auténtica y convincente.[27]

Adultos jóvenes que se van

Un estudio estadounidense relacionado de 2017 consideró tres categorías de jóvenes católicos desvinculados, de entre 15 y 25 años de edad: Lastimados, Distanciados y Disconformes.

Un grupo importante eran los lastimados, cuyas experiencias negativas asociadas a la fe o la religión llevaron a la desafiliación.

Entre los lastimados se encontraban *los que se habían criado como cristianos y se consideraban "forzados" u "obligados" a entrar en una comunidad religiosa cuando eran niños.*[28] Detrás de este sentimiento de perjuicio había una profunda creencia en el derecho natural de un individuo a elegir libremente su propia fe o religión por sí mismo, un derecho que había sido violado por sus padres. Y a veces las cosas eran peores cuando los nuevos adultos concluían que sus padres no creían *realmente* en la fe que estaban "imponiendo" a sus hijos ni la vivían.[29] Otro grupo importante entre los lastimados eran los que habían sufrido traumas en forma de oraciones sin respuesta: muerte, divorcio y otras formas de sufrimiento. Se preguntan cosas como: "¿Por qué iba a permitir Dios que le ocurriera eso a alguien que va a la iglesia y hace lo que se supone que debe hacer?".[30]

Entre los distanciados estaban los que experimentan su vida eclesiástica como "reglas sin sentido, rituales" no conectados con la vida real, así como las familias que se limitan a cumplir con las normas sin una fe personal real que compartir, con hijos que absorben inconscientemente las actitudes de los padres en ese sentido.[31]

Por último, estaban los disconformes, que sentían que no podían plantear las verdaderas preguntas que tenían y obtener respuestas a ellas.[32]

En el Occidente altamente secularizado de hoy, incluso los niños criados en la Iglesia tendrán que, en algún momento, *elegir* conscientemente la fe católica por sí mismos. Vivimos en una época en la que la fe apenas se hereda de la "tribu", y sólo el catolicismo intencionado sobrevivirá y florecerá. Podemos ayudar a que la elección de nuestros hijos y nietos sea mucho más probable ofreciéndoles personalmente oportunidades de tener experiencias espirituales significativas; encuentros múltiples y sostenidos con Jesús y una oportunidad de reflexionar en profundidad sobre su Gran Historia; la libertad de hablar de sus problemas reales *dentro* de la comunidad cristiana; y el poder de dar testimonio de una fe y una vida cristianas convincentes en los adultos mayores que les rodean.

Pasando de lo "cercano" a lo "lejano"

Una encuesta realmente reveladora de Angus Reid de 2017 desglosó a la población canadiense en cuatro categorías básicas: desde los más religiosos hasta los menos: Comprometidos con la religión, Fieles en privado, Inseguros espiritualmente y No creyentes.[33] Dos tercios del segundo grupo más religioso, los Fieles en privado, dijeron *que deseaban tener una relación más estrecha con Dios*, pero casi nunca asisten a los servicios por su cuenta. No piensan que la Iglesia es un lugar al que pueden acudir para acercarse a Dios como hacen los cristianos practicantes.

Cinco años más tarde, en 2022, una segunda encuesta de Angus Reid[34] descubrió que el grupo de Fieles en privado había disminuido drásticamente, pasando del 30% de la población a sólo el 17%, mientras que el grupo de Inseguros espiritualmente había aumentado drásticamente, pasando del 30% al 45% de los canadienses. Casi la mitad de los Fieles en privado han pasado a formar parte del grupo de los Inseguros espiritualmente. El gráfico siguiente[35] da una idea clara de la brecha espiritual entre los dos grupos y de por qué creemos que los Fieles en privado están mucho más "cerca" de los cristianos creyentes en cuanto a sus suposiciones y su deseo de estar más cerca de Dios y de hablar con él en privado. Pero los Fieles en privado no vienen a la parroquia por su cuenta. Tenemos que dejar la parroquia y salir a buscarlos y convertirnos en una especie de puente vivo de confianza hacia Cristo y su Iglesia para ellos. Alguien que es Inseguro espiritualmente está mucho más alejado de la creencia cristiana, tiene poco deseo de acercarse a Dios y requiere un enfoque muy diferente y mucho más lento que probablemente implicaría un largo período de amistad, confianza y preevangelización antes de que se pueda plantear el tema de la fe.

	Fieles en privado 17% Canadienses		Inseguros espiritualmente 45% Canadienses
Creen en Dios/poder superior	94%	vs.	57%
Oran a Dios/poder 1/mes+	58%	vs.	7%
Asisten a servicios religiosos 1/mes+	14%	vs.	1%
Creen en la vida después de la muerte	77%	vs.	47%
Creen que Dios está activo en el mundo	81%	vs.	26%
Desean una relación con Dios más cercana	65%	vs.	23%

Australia/Nueva Zelanda

Al igual que Canadá, Australia y Nueva Zelanda son países muy secularizados que ofrecen sorprendentes oportunidades de evangelización. Por ejemplo, *un estudio reciente*[36] *muestra que el 62% de los australianos se consideran cristianos o son "afines" con los cristianos*. Existen puentes de confianza preexistentes que un amigo-discípulo, un Ananías con un corazón orante y una mente perceptiva, puede cruzar en el momento adecuado.

- 38% de los australianos "se consideran cristianos" (9.5 millones)
- 15% asiste a los servicios al menos una vez al mes (14 millones)
- 7% está "extremadamente involucrado" (.665

millones)

- 24% de los australianos que no son cristianos son "afines" al cristianismo (6 millones)
    - *Creo en el cristianismo, pero no me considero cristiano.*
    - *Creo en gran parte del cristianismo, pero todavía tengo algunas dudas importantes.*
    - *Creo en la ética y los valores del cristianismo, pero no practico el cristianismo de ninguna manera.*

Y en Nueva Zelanda, que es aún más secular, un estudio similar[37] muestra que más de la mitad de los *kiwis* (habitantes de Nueva Zelanda) tienen una identidad cristiana o se sienten afines al cristianismo (59%).

- El 26% de los *kiwis* (1,222,000) tiene una actitud "cálida" hacia el cristianismo, que se desglosa así:
    - *Creo en el cristianismo, pero no me considero cristiano. (7%)*
    - *Creo en gran parte del cristianismo, pero todavía tengo algunas dudas importantes. (4%)*
    - *Creo en la ética y los valores del cristianismo, pero no practico el cristianismo de ninguna manera. (15%)*

Alemania: *Gott hat keine Enkel* (Dios no tiene nietos)

Hay comunidades en Occidente en las que es tan difícil que las personas en una búsqueda espiritual se conviertan en católicos que casi nunca sucede, y uno de esos lugares en 2022 es Alemania. Tuve la oportunidad de pasar tiempo con algunos líderes infatigables de la evangelización de tres diócesis alemanas y otras comunidades religiosas y apostolados en febrero de 2020, justo antes de que el COVID-19 cerrara el mundo.

El 91% de los alemanes están bautizados. El 81% fue educado como cristiano de algún tipo. El 71% todavía se considera cristiano. Pero, trágicamente, sólo el 10% de los alemanes está seguro de que Dios existe.[38] De los católicos bautizados que conservan su identidad, solo el 9% asiste a Misa con regularidad. No obstante, los católicos constituyen la mayor comunidad religiosa de Alemania, y la Iglesia católica alemana es famosa por ser la más rica del mundo. Pero es tan difícil hacerse católico allí que casi nadie lo hace.

En Alemania me dijeron una y otra vez que, si una persona en búsqueda de espiritualidad viene a hablar con un párroco sobre cómo hacerse católico, el sacerdote no tiene ni idea de cómo proceder. El RICA solo se ofrece a nivel diocesano, no importa si vives demasiado lejos para ir allí. En consecuencia, sólo entre treinta y cien personas pasan por el RCIA a nivel diocesano anualmente.

Un estudio publicado por la Universidad de Friburgo en mayo de 2021 concluye que el número de personas pertenecientes a las dos iglesias alemanas (protestante y católica) se reducirá a la mitad en 2060.[40] Según los investigadores, las principales razones de la disminución del número de miembros de las dos iglesias son el abandono de la Iglesia por parte de los adultos, el descenso de los bautismos y el envejecimiento de la población.

Pasé una hora durante mi almuerzo escuchando las experiencias de un joven alemán que había entrado en la Iglesia hacía diez años y que ahora estaba al borde de la desesperación total porque chocaba constantemente con una cultura de silencio total por parte de los católicos sobre todas las cosas de las que hablamos: la posibilidad de relación con Dios, una vida de discipulado, etc. Se enfrentaba a un muro de silencio espiritual tan total, tan integrado en la vida y la práctica diocesana y parroquial, que parecía impenetrable. Lo único que lo mantenía aferrado era la Presencia viva de Jesús en la Eucaristía. Mientras escuchaba, pensé: "Recuerdo haberme sentido así y haberme encontrado con tantas otras personas que sentían lo mismo antes de que las cosas cambiaran tan drásticamente en los Estados Unidos".

Reino Unido

"La última Encuesta de Actitudes Sociales Británicas ha mostrado que la proporción de la población que no pertenece a ninguna religión ha seguido creciendo, situándose ahora en el 53%, con un 12% de anglicanos, un 7% de católicos, un 18% de otros cristianos y un 9% de todas las demás religiones. Además, también muestra que la proporción de personas no religiosas seguirá aumentando en las próximas décadas, con un 68% de jóvenes de 18 a 24 años que dicen no pertenecer a ninguna religión, frente a sólo un 18% que se declaran cristianos, incluyendo un 0.7% que se declaran anglicanos".

En 2021, sólo el 37% de los adultos del Reino Unido se declaraban cristianos. Sólo el 18% de los adultos jóvenes de entre 18 y 24 años se declaraban cristianos. El 68% de los jóvenes de entre 18 y 24 años eran "ninguna".[41]

Los seis factores principales que ayudaban a las personas a seguir a Jesús por sí mismas en 2022 en el Reino Unido son:

1. 34% se crio en una familia cristiana
2. 24% lee las Escrituras
3. 1% tuvo una conversación con un cristiano practicante sobre su fe en Jesús
4. 19% asistió a un servicio religioso estándar
5. 19% asistió a la escuela dominical
6. 16% tuvo una experiencia espiritual inexplicable[42]

Según el estudio *Talking Jesus* del 2022, el 53% de los británicos no cristianos conocen a un cristiano practicante. Para la mayoría, se trata de un cristiano practicante de su propia generación. El estudio descubrió que la mayoría de los no cristianos describieron a los cristianos practicantes que conocían como amables (63%), atentos (50%), de buen humor (33%) y generosos (32%).[43] La mayoría confía en los cristianos practicantes que conoce porque los considera "buenos". Y también tienen una buena opinión de Jesús, al que describen como espiritual (43%), pacífico (39%), líder (38%), cariñoso (38%) y sabio (38%).[44]

¿El resultado? El 35% de los no cristianos que tuvieron una conversación sobre la fe con un cristiano practicante querían saber más sobre Jesús, y el 36% estaban abiertos a una experiencia o encuentro con Jesús. El 75% de los no cristianos que tuvieron una conversación de este tipo dijeron que se sintieron cómodos en todo momento.[45]

Deberíamos pensar en la amabilidad, la atención, el buen humor y la generosidad como disciplinas espirituales básicas previas a la evangelización. Cuando se manifiestan juntas en la vida de un discípulo, a muchos no creyentes les parecen realmente distintas, diferentes, convincentes. Fomentan la confianza y despiertan la curiosidad. Y abren la puerta a hablar de Jesús.

Hablar de la fe de tú a tú es una estrategia de evangelización crucial en todo el mundo. Así, por ejemplo, un estudio estadounidense de 2019, *Reviving Evangelism*, exploró el impacto de los cristianos creyentes que mantienen conversaciones de fe con *cristianos no practicantes y no cristianos. Cuanto más positiva era la conversación de fe de un no cristiano, más abierto estaba a seguir conversando.*

- 18% de los que *NO* tuvieron una conversación positiva sobre la fe en el último año, estaban dispuestos a hablar de la fe en persona

- 38% de los que tuvieron de *UNA* a *CINCO* conversaciones positivas sobre la fe en el último año, estaban abiertos a hablar de la fe en persona
- 48% estaban abiertos si había tenido *SEIS o más conversaciones positivas* sobre la fe en el último año[46]

Por eso dedico el capítulo 9 de este libro al arte de mantener conversaciones positivas sobre la fe que ayuden a abrir a la gente para tener aún más conversaciones. ¿Qué consideran los cristianos no practicantes y los no cristianos como una "conversión de fe positiva"?

- 62% quiere a alguien que escuche sin juzgar
- 50% quiere a alguien que no fuerce una conclusión
- 43% quiere a alguien que permita a los demás sacar sus propias conclusiones[47]

La mayoría dice que los cristianos que conocen no ejemplifican lo anterior.

AHORA, ¿A DÓNDE NOS DIRIGIMOS?

Vivimos en una época de grandes desafíos y sorprendentes oportunidades. Millones de adultos occidentales buscan sentido y esperanza, y están al menos potencialmente abiertos a la fe católica. Al mismo tiempo, un gran número de católicos que se identifican como tales y de otros cristianos no están seguros de que una relación personal con Dios sea posible, ni de que Jesús sea Dios, ni de que esté realmente presente en la Eucaristía, y sus valores y decisiones lo reflejan. La mayoría de los católicos de Occidente están sacramentados, pero no evangelizados. No saben que estar adherido a Cristo de manera explícita y personal (el discipulado personal) es el catolicismo normativo, tal como lo enseñaron los apóstoles y lo reiteraron una y otra vez los papas, los concilios y los santos de la Iglesia.

Hace años, estaba desayunando con un director de vocaciones de la arquidiócesis. Por impulso le pregunté: "¿Qué porcentaje de los hombres con los que trabajas (hombres que disciernen una posible llamada al sacerdocio) son ya discípulos?".

Su respuesta fue inmediata: "Ninguno".

"¿Por qué crees que es así?", le pregunté.

Fue muy claro: "No saben cómo. Nadie les ha hablado de ello".

Unos años después, estaba tomando un café con otro director de vocaciones. Esta vez, tenía un ejemplar de *Formación de Discípulos Intencionales* con él. Le hice la misma pregunta, pero su respuesta fue muy diferente.

"Somos muy conscientes de la necesidad y hacemos todo lo posible para que todos nuestros chicos tengan una relación personal con Jesucristo". Luego hizo una pausa y añadió: "Por supuesto, ninguno de nuestros hombres sabe cómo ayudar a otro a convertirse en discípulo".

Ahora que tenemos una idea de nuestro nuevo campo de misión, vamos a explorar el camino para convertirse en un discípulo de Jesucristo del siglo XXI con mucho más detalle.

CAPÍTULO 2

No sabemos lo que es normal

Jesucristo no vino a sufrir y a morir para hacer "católicos culturales".

MONS. JOSÉ GÓMEZ,
ARZOBISPO DE LOS ÁNGELES[1]

Cuando visité la parroquia de la Preciosa Sangre de Cristo en Brooklyn, sentí como si hubiera llegado a un foro de cine. Había expresiones, acentos y la sensación de estar en un mundo que había visto en las películas cientos de veces. Ahora me encontraba frente algo auténtico y frente a una cultura católica singular y arraigada.

Una de mis guías era Nancy Arkin, una neoyorquina que había trabajado en el ministerio pastoral de la diócesis de Brooklyn durante veinte años. Por los últimos tres años, Nancy había sido coordinadora de la formación en la fe para adultos en la Parroquia de la Preciosa Sangre de Cristo, que se encuentra en un área que por generaciones había sido habitada en su mayoría por italianos. Sin embargo, las cosas han cambiado. Los italianos se han mudado y en su lugar, han llegado inmigrantes chinos y rusos quienes no son católicos. Como ha sucedido en casi todas las parroquias del área, el número de miembros de la Preciosa Sangre de Cristo ha disminuido en un 80% desde 1960 y la mayoría de las personas que asisten a la Iglesia son personas mayores. Actualmente, muchos de los habitantes del área ya no tienen herencia cristiana.

El Padre Maduri, quien creció en la parroquia vecina, se convirtió en párroco en el 2009 y ha respondido de una manera admirable. Él evaluó la situación con rapidez: era necesario reconstruir la comunidad humana, o de otro modo habría que cerrar la parroquia. Como la población católica tradicional estaba dejando el área, el Padre decidió concentrarse en convertir en discípulos a las personas que no habían sido bautizadas y en apóstoles a las bautizadas. Para hacerlo, tenía que presentar ideas nuevas a un grupo de sus feligreses comprometidos. Nancy afirma:

> El concepto del Espíritu Santo —que Dios participa activamente en una relación con su pueblo y lo llama a vivir a plenitud esta relación, convirtiéndolo en un instrumento para llevar el Evangelio a los demás— todavía era desconocido. Para la gente que conocí aquí, toda esta idea era nueva. Estoy sorprendida de su nivel de apertura y de su respuesta tan positiva.

Para comenzar, el Padre Maduri trajo a varios jóvenes evangelizadores llenos de entusiasmo que forman parte de un grupo católico llamado "Dirty Vagabonds" (Vagabundos sucios), que se especializa en evangelizar a jóvenes en zonas urbanas. Estos recién graduados de la Universidad Franciscana de Steubenville llevan tatuajes, viven sencillamente y pasan sus tardes con los muchachos de los barrios cercanos.

En 2012, la parroquia comenzó a llegar al gran número de inmigrantes chinos de la zona. En 2022, el sitio web de la Preciosa Sangre es totalmente trilingüe (inglés, español y chino) y la parroquia cuenta con un diácono chino en su plantilla. Cuando la visité por primera vez y me di cuenta de que estaba en medio de un grupo de católicos neoyorquinos-italianos de toda la vida que planeaban aprender chino para evangelizar a sus nuevos vecinos que no tienen antecedentes cristianos, me sentí como Dorothy en *El Mago de Oz*: "¡Toto, tengo la sensación de que ya no estamos en Kansas!".

¿Qué tan extraño es esto? Tal y como decía el Cardenal Avery Dulles:

> Cuando se les preguntó a varias parroquias si una de sus prioridades era difundir la fe, el 75% de las congregaciones protestantes tradicionales y el 57% de las congregaciones afroamericanas respondieron afirmativamente, mientras que solamente el 6% de las parroquias católicas hizo lo mismo. Cuando se les preguntó si fomentaban actividades evangelizadoras en sus comunidades, el 39% de las congregaciones protestantes tradicionales y el 16% de las congregaciones afroamericanas respondieron afirmativamente, en comparación con un 3% de las parroquias católicas.[2]

El Padre Maduri y Nancy se enfrentan a un nuevo tipo de misión y de ministerio pastoral en Brooklyn. Su situación se repite en las parroquias y diócesis de todo el mundo occidental; razón por la cual el Papa Benedicto convocó un Sínodo para la Nueva Evangelización en Roma en el año 2012.

La transmisión de la fe: Los *Lineamenta*

Los *Lineamenta*, es decir, el conjunto de lineamientos para el debate publicados como preparación para el sínodo, no es una compilación de abstracciones elevadas. Más bien, se trata de los lineamientos derivados de una seria meditación sobre dónde nos encontramos actualmente en el occidente post-cristiano en materia de nuestra habilidad para transmitir a las futuras generaciones una fe católica viva y personal. En los *Lineamenta* se repiten ciertas palabras como: *discípulo, personal, encuentro, cambio, misionero, experiencia, transmitir, proclamar, Jesús, vivo* y *Evangelio*. Sin embargo, la frase *identidad católica* se omite por completo.

El énfasis en *transmitir* es crucial, ya que la transmisión de la fe es un concepto orgánico, integral y personal que va más allá de la instrucción de hechos o doctrinas. Queda claro que este enfoque holístico está en las mentes de las personas que escribieron los *Lineamenta:*

> Transmitir la fe significa crear en cada lugar y en cada tiempo las condiciones para que este encuentro entre los hombres y Jesucristo se realice. La fe como encuentro con la persona de Cristo asume la forma de la relación con Él, de la memoria de Él (en la Eucaristía) y de la formación en nosotros de la mentalidad de Cristo, en la gracia del Espíritu. Como ha afirmado el Papa Benedicto XVI: "No se comienza a ser cristiano por una decisión ética o una gran idea, sino por el encuentro con un acontecimiento, con una Persona, que da un nuevo horizonte a la vida y, con ello, una orientación decisiva..."
>
> El resultado esperado de este encuentro consiste en inserir a los hombres en la relación del Hijo con su

> Padre para sentir la fuerza del Espíritu. La finalidad de la transmisión de la fe, el objetivo de la evangelización, es llevar por Cristo "al Padre en un mismo Espíritu" (Efesios 2, 18).[3]

La discusión comienza por reconocer que la transmisión de la fe católica no consiste en transmitir una identidad religiosa que nos ha sido heredada. La identidad católica genuina fluye *desde* la experiencia del discipulado. Como se menciona en los *Lineamenta:*

> *No se puede transmitir aquello en lo cual no se cree y no se vive…* No se puede transmitir el Evangelio sin saber lo que significa "estar" con Jesús, vivir en el Espíritu de Jesús la experiencia del Padre; así también, paralelamente, la experiencia de "estar" con Jesús impulsa al anuncio, a la proclamación, al compartir lo que se ha vivido, habiéndolo experimentado como bueno, positivo y bello.[4]

Si no existe una relación viva con Cristo y, por tanto, con su Padre y con el Espíritu Santo, no hemos "transmitido" la fe de manera exitosa. La fe no se transmite a menos que la Persona y la relación que se encuentra en el núcleo de la fe hayan sido transmitidas. Y no podemos transmitir exitosamente la relación que se encuentra en el núcleo de la fe a menos que nosotros mismos participemos conscientemente en dicha relación.

Tres itinerarios espirituales

El catolicismo normativo implica tres itinerarios espirituales simultáneos que, en la práctica, con frecuencia se consideran por separado:

1. El itinerario interior personal de una relación viva con Cristo que resulta en un discipulado intencional.
2. El itinerario eclesial hacia la Iglesia mediante la recepción de los sacramentos de iniciación.
3. El itinerario de la práctica activa (que se pone de manifiesto al recibir los sacramentos, asistir a Misa y participar en la vida y misión de la comunidad cristiana).

El Padre Mike Fones y yo experimentamos la separación de estos tres itinerarios en una conversación que tuvimos en una ocasión con algunos seminaristas. Hablábamos sobre la experiencia de un joven amigo católico que acababa de tener una drástica conversión. Cuando utilicé el término "discípulo intencional" para describir a nuestro amigo, un seminarista respondió: "Quieres decir que él aceptó su identidad católica".

Idealmente, el discipulado y la identidad católica siempre deberían ser la misma cosa. Cada católico debería de realizar los tres itinerarios —ser un discípulo consciente de Jesucristo, un católico plenamente iniciado y un miembro activo de su parroquia— de manera integral. Pero con frecuencia se utiliza el término "identidad católica" simplemente para describir a una persona que se considera a sí misma católica y que asiste a Misa con cierta regularidad. Según este punto de vista, no es necesario cuestionar la naturaleza de la relación viva que la persona tiene con Dios. En resumen, muchos católicos piensan que no es necesario considerar el *primer* itinerario siempre y cuando el *segundo* y el *tercero* formen parte de la vida de la persona.

El Padre Damien Ference, miembro de la facultad de formación del Seminario Borromeo en Wickliffe, Ohio, describe acertadamente el problema con este punto de vista:

> Con frecuencia, los líderes de la Iglesia suponen que todos los feligreses que van a Misa los domingos, todos los niños y jóvenes que asisten a escuelas católicas y a programas de doctrina del catecismo, todos los muchachos en nuestros grupos juveniles, todos los hombres en nuestros grupos de varones, todas las mujeres en nuestras asociaciones para mujeres y todos los miembros de los equipos que preparan a nuevos católicos mediante el Rito de Iniciación Cristiana (RICA) ya son discípulos. Muchos todavía no lo son. (Lo mismo puede decirse del personal y del magisterio de las instituciones católicas). Nuestra gente puede participar de manera activa en los programas de sus parroquias, escuelas e instituciones, pero desafortunadamente, esa participación no equivale a un discipulado.[5]

La premisa común es que el discipulado personal es un tipo de enriquecimiento espiritual opcional, reservado para las personas excepcionalmente piadosas o que han recibido talentos espirituales especiales. Esto tiene sentido si recordamos la realidad que describimos en el capítulo anterior. *El discipulado personal inevitablemente se considerará como un accesorio opcional en una comunidad católica en la que menos de la mitad de sus miembros tienen la convicción de que ellos tienen la posibilidad de tener una relación personal con Dios y en la que un 30% de ellos no creen en un Dios personal".*[6]

La cultura de "no preguntes, no digas"

Mientras que escuchábamos las experiencias de miles de católicos, comenzamos a darnos cuenta de que muchos, si no es que la mayoría de los católicos, no saben lo que es una cristiandad "normal". Yo considero que una de las razones es debido al silencio selectivo que impregna a muchas parroquias en lo referente al llamado al discipulado. Los católicos han llegado a considerar como normal y hasta muy católico *no* hablar sobre el primer itinerario —su relación con Dios— excepto cuando se encuentran en el confesionario o recibiendo dirección espiritual. Esta actitud está tan arraigada en las comunidades católicas que hemos comenzado a denominarla la cultura de "no preguntes, no digas".

Desafortunadamente, nosotros no somos unos genios espirituales. Si nadie a nuestro alrededor habla sobre una idea en particular, no se nos ocurre pensar en ella espontáneamente, igual que no se nos ocurre inventar un nuevo color primario. Mientras no hablemos explícitamente sobre el discipulado en nuestras parroquias, será muy difícil que la mayoría de los católicos *piensen* en el discipulado.

Sara Silberger, una mujer neoyorquina, poeta y mamá de cuatro hijos, experimentó esto cuando se convirtió al catolicismo. Sara fue criada por su madre, una mujer católica que no practicaba su fe y por su padre judío. Ella nunca había practicado ninguna religión. Sara tuvo una experiencia mística que la llevó a una intensa exploración del catolicismo, lo que la condujo a ingresar a la Iglesia en la Pascua del 2010, a la edad de 28 años. Sara me dijo que se sentía sorprendida y confundida ante el hecho de que muchos católicos se sentían muy incómodos cuando les preguntaba sobre su relación con Dios.

> A seis semanas de haber ingresado al programa de iniciación [RICA], me reuní con una religiosa y le dije que creía que algo me hacía falta, porque no estábamos hablando mucho sobre cómo conocer mejor a Dios o a Jesús. Yo no entendía bien quién era Jesús para mí. Pensé que la razón de lo anterior era porque yo venía de un ambiente no cristiano y que todos los demás lo

> entendían tan bien que no había razón para explicarlo. Tuve que pedir a mis amigos católicos que me hablaran sobre estas cosas, de manera individual. Algunos de ellos estaban dispuestos a hablar conmigo del tema, en cierto modo; sin embargo, con excepción de uno de ellos, todos se molestaron cuando les pregunté y no entendían por qué yo quería saber más sobre sus experiencias. Tuve la sensación de que se sintieron ofendidos por mi pregunta.

Uno de nuestros descubrimientos más sorprendentes ha sido *el número de católicos que ni siquiera saben que este itinerario personal existe.* Recientemente, un líder católico de alto nivel en la Costa Oeste de los E.E.U.U. me confesó que la idea de tener una relación personal con Dios todavía era nueva para él. Este líder se enfrentó por primera vez a la posibilidad de llevar una relación personal con Dios hace algunos años, cuando su parroquia comenzó a ofrecer retiros de evangelización.

La falta de atención generalizada hacia el itinerario interior del discipulado ha fomentado involuntariamente un abismo inmenso entre lo que la Iglesia enseña como normal y lo que muchos católicos han aprendido a considerar normal. Muchos católicos de toda la vida nunca han visto cómo se vive abiertamente el discipulado personal ni han oído hablar de este término de manera explícita en sus parroquias o en sus hogares. Es difícil creer en algo de lo que nunca has oído hablar, o experimentar algo que ni siquiera sabes que existe. También es muy difícil compartir la opinión de una minoría o hablar sobre la experiencia de una minoría en medio de un grupo que no comprende de lo que se habla.

La Espiral del Silencio es una reconocida teoría de la comunicación que fue propuesta originalmente por la científica política Elisabeth Noelle-Neumann. En sus investigaciones,

Noelle-Neumann descubrió que la gente es menos propensa a externar una opinión sobre un tema si considera que forman parte de la minoría, ya que los seres humanos en general tenemos miedo a estar aislados de la mayoría. Uno de los puntos fundamentales de la teoría de la Espiral del Silencio es que la gente constantemente observa los comportamientos de aquellos a su alrededor para ver cuáles son los comportamientos que son aprobados y cuáles no reciben la aprobación de la mayoría. Investigaciones recientes sobre neurología han comenzado a revelar la fisiología tras esta conducta.

> Según Vasily Klucharev de la Universidad Erasmus de Holanda cuando la gente sostiene una opinión que difiere de la de otros en un grupo, sus cerebros producen una señal de error.
>
> "Si cometes un error, significa que algo [malo está sucediendo]. Y, cuando experimentamos un error, esta señal nos empuja a cambiar el comportamiento", asegura Klucharev. "Además, pudimos observar que al parecer producimos esta señal automáticamente cuando nuestra opinión es diferente a la de otras personas".
>
> De acuerdo con Klucharev, "El investigador examinó dos áreas del cerebro. La primera es una zona del cerebro conocida como el córtex del cíngulo anterior que se activa cuando percibe un error y la segunda es el área que registra las recompensas. Esta última área permanece menos activa, lo que hace creer a la gente que ha cometido un error".[7]

En la actualidad, la cultura parroquial con frecuencia refuerza una Espiral del Silencio en lo que se refiere a la relación de la persona con Dios. Esta Espiral del Silencio por lo general no resulta explícita hasta que alguien la cuestiona; sin embargo, puede llegar a asfixiar a la evangelización, sobre todo si es reforzada por una cultura que promueve "una religión que no pertenece en los espacios públicos". Es de vital importancia que comprendamos que la presión cultural, tanto *dentro* como *fuera* de las parroquias americanas, por lo general va *en contra* de la expresión abierta del discipulado. Las dos normas culturales superpuestas —una secular y una eclesial— intimidan a los hombres y mujeres que tratan de vivir como discípulos católicos de Jesucristo. Para poder contrarrestar la presión y "vivir abiertamente" como católicos intencionales, es necesario contar con un fuerte respaldo interpersonal y comunitario.

Es normal

En el otoño de 1993, me uní con un grupo de amigos en Seattle para crear un grupo de apoyo para laicos católicos. Llamamos nuestra pequeña comunidad el "Grupo Laico Sin Nombre" (NLG por sus siglas en inglés) porque no se nos ocurrió ningún buen nombre. Con el pasar del tiempo nos convertimos en un grupo multi-parroquial, multi-generacional de jóvenes veinteañeros solteros y casados; algunos eran católicos de nacimiento, otros éramos católicos conversos. Lo que teníamos en común era un hambre por pertenecer a una comunidad católica que estuviera centrada en el discipulado personal. Los antiguos miembros del grupo que ahora vivimos por todo el país todavía recordamos con melancolía aquellos tiempos en Seattle, porque el NLG sigue siendo la experiencia de comunidad cristiana más fuerte que cualquiera de nosotros ha experimentado como católicos.

Nuestro equipo de líderes desarrolló la misión y visión del grupo. Les llamamos los "*Es Normales*".

Nuestra visión:

Poder ser una comunidad católica que alimente la fe y los dones de los laicos católicos, permitiéndoles convertirse en discípulos comprometidos de Jesucristo, quienes han discernido y llevan a la práctica la misión de vida que Dios les ha encomendado.

Nuestros valores:

1. Es *NORMAL* que los laicos católicos tengan una relación de amor viva y creciente con Dios.
2. Es *NORMAL* que los laicos católicos se entusiasmen por ser activistas cristianos.
3. Es *NORMAL* que los laicos católicos conozcan su fe, las Escrituras, la doctrina y enseñanzas morales de la Iglesia y la historia de la Iglesia.
4. Es *NORMAL* que los laicos católicos sepan lo que son los carismas de servicio y que los utilicen eficientemente en la realización de su vocación o llamado.
5. Es *NORMAL* que los laicos católicos estén conscientes de que tienen una vocación/misión en la vida (principalmente en el mundo secular) que les ha sido dada por Dios. Es *NORMAL* que los laicos católicos participen activamente en el discernimiento y seguimiento de su vocación.
6. Es *NORMAL* que los católicos laicos vivan en comunión con otros laicos católicos para que les animen, alimenten y ayuden a discernir en su camino hacia Jesús.
7. Es *NORMAL* que la parroquia local funcione de manera consciente como una casa de formación para los laicos católicos. Esto permite que los laicos católicos lleven a la práctica los valores 1-6 mencionados anteriormente.

El impacto de un grupo de discípulos pequeño pero intencional puede ser sorprendente. Nuestro pequeño grupo fue capaz de ayudar a católicos frustrados a permanecer en la Iglesia y a protestantes a formar parte de Ella, (incluyendo a una familia completa en Nueva Zelanda por medio del Internet). Víctor, el esposo de una de las integrantes de NLG y que en ese entonces era bautista, solía decirnos: "Ustedes son los primeros católicos que conozco que son cristianos de verdad". La buena noticia es que Víctor ahora forma parte de la Iglesia Católica.

Nosotros sabíamos que *ninguno* de nuestros siete valores eran "normales", en el sentido de algo que se podría esperar de una parroquia común y corriente. Sin embargo, también sabíamos que estos valores eran "normales" en el sentido de lo que la Iglesia define como parte de la *normativa* del catolicismo. La Iglesia ha reiterado una y otra vez que:

> la "buena nueva" tiende a suscitar en el corazón y en la vida del hombre la conversión y la adhesión personal a Jesucristo Salvador y Señor; dispone al Bautismo y a la Eucaristía y se consolida en el propósito y en la realización de la nueva vida según el Espíritu.[8]

Pero está claro que un gran número de católicos bautizados no han experimentado esta relación. No creen en el Dios omnipotente, omnisciente y amante de las Escrituras, ni en que Jesús es Dios. Ralph Martin habla directamente de esta realidad:

> Esto significa que ya no podemos asumir que aquellos que se acercan para recibir los sacramentos al menos comprenden lo que significa ser un católico o que están comprometidos con ello. Tampoco podemos asumir que conocen a Cristo ni que se hayan comprometido con Él como su salvador y Señor. Tampoco podemos asumir que lo que buscan cuando se acercan para recibir los sacramentos es realmente lo que los sacramentos ofrecen.[9]

A medida que escuchábamos a personas católicas hablar sobre su itinerario espiritual, comenzamos a darnos cuenta que muchos de ellos asumían que había dos "vías" espirituales básicas: "católico ordinario" y "santo". Descubrimos que muchos católicos, incluyendo a algunos líderes pastorales que asistían a nuestros cursos de evangelización, no tenían una categoría para una persona que es un seguidor intencional de Jesús "en vías" de santidad, pero que todavía no es un santo. Existe una fuerte tendencia a etiquetar a aquellos que tratan de vivir como discípulos como personas "extraordinarias", ya sea de manera positiva (como los llamados al sacerdocio o a la vida religiosa) o de manera negativa (como farsantes que se hacen pasar por santos).

Daniel Moore, un joven que conocimos en Colorado Springs, ha experimentado en carne propia esta tendencia. Después de tener una adicción seria a las drogas, Daniel experimentó una conversión drástica y fue liberado de su adicción de manera instantánea. Daniel sentía tanto entusiasmo por su nuevo discipulado que mucha gente, incluyendo sacerdotes, le dijeron que debería considerar el sacerdocio. El problema era que Daniel era un albañil que a duras penas había terminado sus estudios de preparatoria y que nunca había leído un libro antes de su conversión. Era poco probable que pudiera pasar por seis años de estudios filosóficos y teológicos. Curiosamente, la gente dejó de ver a Daniel, el hombre. Sencillamente no sabían qué otra cosa sugerirle a un joven soltero que había tenido un encuentro poderoso con Dios.

Otra tendencia es etiquetar al discípulo entusiasta como un farsante espiritual o un fanático. Para muchos católicos, los discípulos demasiado entusiastas les parecen arrogantes, extremos, emocionales y elitistas. Yo he oído muchas veces cómo las personas tachan de protestantes a los discípulos que viven a plenitud su discipulado, aunque estos hayan nacido dentro de la Iglesia o nunca hayan estado relacionados con una congregación protestante.

Un director de educación religiosa me dijo recientemente que el antiguo director de RICA de su parroquia no permitía que las personas que habían pasado por algún tipo de conversión significativa formaran parte de su equipo: "Son demasiado extremos. Son 'protestantes' porque están demasiado 'entusiasmados'".

Esta incomodidad que muchos católicos sienten por la pasión espiritual es otra expresión de la Espiral del Silencio. Daniel Moore también ha experimentado esto. Un sacerdote que es un amigo mutuo se escandalizó cuando Daniel, en un arranque de entusiasmo, le dijo: "¡Seamos santos!". Este sacerdote dice que su primer impulso fue desear que Daniel se calmara y dejara de sonar tan "protestante". ¿Quién creía que era?

Con el tiempo, mi amigo sacerdote reconoció que su problema no era que Daniel fuera demasiado extremo. Él se dio cuenta de que el fuego de su propio discipulado, la chispa que había iniciado su vocación sacerdotal, se estaba extinguiendo. La pasión de Daniel sacó a relucir su propio estado espiritual.

¿Qué es el discipulado?

La Espiral del Silencio debe terminar si se fomenta una cultura vibrante de discipulado a nivel parroquial. Eso significa reconocer, primero que nada, que el discipulado *nunca* es inconsciente. ¿Qué quiero decir?

Una amiga mía se estaba formando como catequista en una gran archidiócesis hace varios años. Hace varios años, una amiga participaba en una capacitación para ser catequista en una arquidiócesis muy grande. En una clase sobre crecimiento espiritual, le informaron solemnemente que "un día te despiertas y te sientes diferente". Este mito es muy común en la cultura católica y es sencillamente falso. ¿Cómo lo sabemos? Porque también es falso en cualquier otra área de la vida adulta.

Es lo mismo que pensar que una mañana nos levantaremos y nos daremos cuenta de que nos hemos convertido en neurocirujanos mientras dormíamos. Sin embargo, cuando piensan en la experiencia de ser transformados por seguir a Cristo, algunos católicos de repente comienzan a hablar y a actuar como si el proceso fuera mágico.

En el pasado, he impartido varias presentaciones bien documentadas sobre la teología de la evangelización. La mayoría de ellas fueron recibidas con diferentes niveles de cortés indiferencia. Sin embargo, cuando comenzamos a utilizar la frase "discípulo intenciona", la gente comenzó a poner atención. Queda claro que un "discipulado *sin intención*" es imposible, pero utilizar un lenguaje explícito como "discipulado *intencional*" parece haber roto el hechizo que hace que sea difícil para los católicos pensar y hablar del discipulado de manera viva y significativa.

Entonces, ¿cuándo nos convertimos en discípulos? Cuando actuamos como Simón Pedro:

> Jesús dijo a Simón: "No temas; en adelante serás pescador de hombres". En seguida llevaron sus barcas a tierra, lo dejaron todo y siguieron a Jesús (Lucas 5, 10-11).

La experiencia de Simón no era excepcional, ni en términos humanos ni en la tradición de la Iglesia. Nadie deja su trabajo, su casa y su forma de vida de manera accidental o inconsciente. La decisión de Pedro de "soltar las redes" es lo que queremos decir cuando utilizamos el término "intencional". Desde el momento que soltó sus redes para seguir a Jesús, era un discípulo. Por supuesto, Pedro no sabía las consecuencias que esa decisión tendría para él mismo o para el mundo entero.

Ningún discípulo lo hace. Y tomaría el resto de su vida para que se convirtiera en santo. Sin embargo, él conscientemente comenzó su viaje.

Lo mismo sucede con nosotros. El discipulado intencional no es accidental o meramente cultural. No es cuestión de "seguir las reglas". La motivación principal de un discípulo viene de dentro, de un "hambre y sed de justicia" suscitada por el Espíritu Santo. Todas las cosas fluyen desde un aspecto fundamental: adorar y amar a la Santísima Trinidad con todo nuestro corazón, alma, mente y fuerzas, y por tanto amar al prójimo como a nosotros mismos.

Seguir lo que Dios ha revelado a través de su Iglesia (es decir, el segundo y el tercer itinerario), es una parte esencial de la vida del discípulo. De hecho, los sacramentos y la participación completa en la vida de la Iglesia son los momentos centrales en la relación con Cristo. No obstante, el discipulado comienza cuando "personas adultas tienen por fin la ocasión de escuchar el *kerigma*, renovar el propio bautismo, elegir conscientemente a Cristo como propio Señor y salvador personal y comprometerse activamente en la vida de su Iglesia".[10]

¿Qué es el *kerigma*? Brevemente, *kerigma* es el término griego que se refiere a la proclamación del esquema básico de la vida, pasión, muerte y resurrección de Jesucristo. El *kerigma* es el núcleo vital del Evangelio que despierta la fe cristiana. Lleva a la persona a ser capaz de decir, "¡Jesús es el Señor!". *Kerigma* es lo que el Papa Juan Pablo II describía como "el primer anuncio lleno de ardor que un día transformó al hombre y lo llevó a la decisión de entregarse a Jesucristo por la fe".[11]

Son muy pocos los católicos que han escuchado sobre el *kerigma* o la "Gran Historia de Jesús" (tomando prestada una frase maravillosa del Obispo Robert Barron), y son aún menos los que conocen lo que contiene el *kerigma* y que han escuchado su proclamación. El Padre Mike y yo aprendimos esta lección mientras dábamos una presentación sobre los umbrales al comité evangelizador de una arquidiócesis muy grande. De manera casual mencioné el *kerigma* durante nuestra presentación. Al final, durante la sesión de preguntas, una mujer muy valiente y honesta levantó la mano y me dijo, "Yo no sé lo que es el *kerigma*". Luego se volvió hacia el resto del grupo y continuó, "No creo que muchos de nosotros sepamos lo que significa. ¿Alguien sabe lo que es el *kerigma*?". Nos quedamos sorprendidos cuando notamos que la mayoría de los líderes de la evangelización de esta arquidiócesis movían su cabeza de un lado a otro. Es por eso que voy a dedicar todo el capítulo 10 a hablar sobre el *kerigma*, el núcleo del Evangelio que despierta la fe cristiana.

Análisis de nuestro paradigma

En el siglo XXI, la práctica pastoral católica se basa en su mayoría en lo que podríamos llamar un "paradigma infantil", en lugar de en un "paradigma adulto". ¿Qué es lo que quiero decir? Con frecuencia funcionamos como si la iniciación de un niño en la fe es la norma espiritual. Un bebé no es capaz de tener una fe personal o pecado personal y no puede poner obstáculos para recibir las gracias concedidas en el bautismo. Cuando un bebé es bautizado, la fe de sus padres, padrinos y de la Iglesia substituye la fe del pequeño. No se le puede pedir nada al bebé.

Este paradigma también supone que un niño bautizado adoptará la fe de sus padres y de su parroquia de manera natural e inevitable, tal y como aprende el idioma y la cultura. La fe se comunica y el niño la acepta y cree en ella confiadamente. El niño heredará una identidad religiosa para toda la vida y practicará la fe de su familia y su parroquia; una identidad católica que llegará sin problema hasta la edad adulta y que resultará en un crecimiento espiritual lento a través de toda su vida. No se espera que suceda un momento decisivo interno, mucho menos una experiencia patente de "conversión".

Craig Pohl nació y creció en una comunidad en donde

el paradigma infantil aún impera. Westphalia, Michigan, es una ciudad 95% católica en la que casi el 80% de los católicos asisten a Misa regularmente. Craig se dio cuenta de que no todo el mundo era católico cuando cursaba la preparatoria. El Padre James Conlon, párroco de la Iglesia de St. Mary en Westphalia, me dijo en una ocasión que los residentes del estado de Michigan con frecuencia llaman a esta región "Tierra Santa". Según Craig:

> La cultura católica era sólida. En las pequeñas comunidades, uno hace lo que todos hacen. Había muchas personas que practicaban la fe pero no había mucho ánimo. Es muy fácil hacer lo que las reglas te permiten hacer. Solamente tienes que hacer el mínimo—ir a Misa los domingos y días santos. Era muy normal reunirnos los viernes por la noche y pasar un buen rato (deportes, sexo, alcohol) e ir a Misa el domingo, porque eso es lo que todos hacían.

A pesar de que el número de gente que iba a Misa era casi milagroso comparado con los estándares del Occidente, el Padre James y el Padre Dennis Howard, párroco de la Iglesia vecina de la Santísima Trinidad en la ciudad de Fowler, se unieron para contratar a Craig Pohl como un evangelizador de tiempo completo. De acuerdo al Padre James:

> Cuando la gente me pregunta por qué traje a un evangelizador cuando había tanta gente que iba a Misa, yo les respondía que todos necesitábamos crecer más en nuestra relación con Cristo. Yo veía cómo algunas personas estaban teniendo problemas para continuar en la Iglesia Católica. Venían a hablar conmigo sobre sus problemas familiares, sobre sus hijos y sobre sus luchas

> interiores. Me daba cuenta de que lo que parecía una certeza se estaba desmoronando. La mayoría de los feligreses no llevaban una vida de oración; solo sabían oraciones memorizadas. Yo trataba de explicarles que ser católico quiere decir tener una relación con Cristo; no es lo mismo que tener una póliza de seguro.
>
> Nos dimos cuenta de que era necesario ofrecer formación a los adultos. El conocimiento de la fe está a un nivel muy bajo. El reto es que las parroquias ofrezcan a sus feligreses la posibilidad de crecer en la fe, no solamente como fieles católicos romanos, sino como discípulos activos de Cristo en el mundo.

Cuando actuamos como si tener una experiencia de conversión es algo raro en lugar de algo normal, estamos operando desde el paradigma infantil. Operamos desde ese paradigma cada vez que no desafiamos explícitamente a nuestros adolescentes y adultos católicos para que se conviertan en discípulos intencionales. En contraste, el paradigma adulto de la evangelización debe convertirse en la nueva norma pastoral en nuestra cultura postmoderna. Debemos estar convencidos de que todos los bautizados —a menos que mueran jóvenes o que no tengan la capacidad para tomar una decisión— a final de cuentas están llamados a tomar la decisión personal de vivir como discípulos de Jesucristo en medio de su Iglesia. En las propias palabras del Papa Benedicto XVI:

> La fe es ante todo encuentro personal íntimo con Jesús, es hacer experiencia de su cercanía, de su amistad, de su amor, y sólo así se aprende a conocerlo cada vez más, a amarlo y seguirlo cada vez más. ¡Que esto nos suceda a cada uno de nosotros![12]

CAPÍTULO 3

El fruto del discipulado

Estamos frente al despertar del cristianismo.

Cardenal Jean-Marie Lustiger[1]

En octubre del 2011, pasé algunos días con los miembros y el personal de la Parroquia de Cristo Rey en Ann Arbor, Michigan. Esta parroquia es relativamente pequeña (novecientas familias) y realmente destaca en todos los sentidos. Primero que nada, Cristo Rey (CTK por sus siglas en inglés) ha generado un número importante de vocaciones sacerdotales desde su fundación hace algunas décadas. Hasta el año 2011, habían surgido casi treinta sacerdotes de Cristo Rey, los cuales sirven en cuatro diócesis y en cinco comunidades religiosas. Uno de esos sacerdotes fue consagrado obispo auxiliar de la arquidiócesis de Detroit. Y la siguiente generación estaba justo detrás. Durante mi estancia en CTK, conocí a dos estudiantes de último año de secundaria, notablemente preparados y elocuentes, que planeaban entrar en el seminario universitario al año siguiente.

Las vocaciones eclesiales que provienen de Cristo Rey no se limitan al sacerdocio. Hasta el año 2011, ocho hombres habían sido ordenados al diaconado permanente: cuatro sirven en Cristo Rey y los otro cuatro sirven en parroquias vecinas. También había nueve mujeres en diferentes etapas de formación religiosa. En la Misa de la parroquia, es evidente la presencia de las Siervas del Amor de Dios, una comunidad de hermanas. Los Siervos de la Palabra, una comunidad ecuménica pero principalmente católica de hermanos con fuertes lazos a la parroquia, tiene cincuenta hombres profesos y cincuenta más en formación.

Una parroquia admirable

Once miembros del magisterio del Seminario Mayor del Sagrado Corazón en Detroit son miembros de la parroquia de Cristo Rey. Uno de ellos es Francisco "Paco" Gavrilides, quien ha trabajado en la evangelización y en misiones en América Latina por muchos años y actualmente enseña homilética en el Sagrado Corazón. Paco describe la Misa en Cristo Rey como "absolutamente viva, reverente y anticipativa, una experiencia de Dios".

Antes de hablar con Paco, me sentí conmovida por la atmósfera en las dos Misas a las que había asistido. Los elementos de la Misa no eran diferentes, aunque se celebraban de una manera cuidadosa. Había algo más. Yo podía *sentir* una energía espiritual que casi nunca había experimentado durante una Misa; era como si la intensidad de la oración de los que estaban reunidos ahí levantara mi propia oración hasta un nuevo nivel. Les mencioné lo anterior a varios feligreses y ellos me dijeron que lo que yo estaba experimentando era normal. Es posible que esta sea la razón por la que la parroquia descubrió en una encuesta reciente que el 98% de sus miembros asisten a Misa todos los domingos, ya sea a Cristo Rey o a otra parroquia.

Hay un sentido de responsabilidad personal y de servicio que se puede palpar en la comunidad. Paco describe: "Hay una sensación de que Dios está actuando y puede actuar mediante cualquier persona en la parroquia. Si surge la necesidad de un ministerio en particular, la gente está lista para hacerlo".

Miembros de Cristo Rey fundaron y trabajan en muchas de las agencias de servicios católicos en el área. Hope Clinic ofrece cuidado médico y dental gratuito a siete mil pacientes al año. Un centro de crisis durante el embarazo, una escuela católica independiente, un ministerio para prisioneros y Renewal Ministries, que evangeliza en veinticinco países alrededor del mundo, fueron fundados por miembros de la parroquia. El líder de Renewal Ministries, Ralph Martin, también es director del único programa de Licenciatura en la Nueva Evangelización en el mundo (en el Seminario Mayor del Sagrado Corazón). En diciembre del 2011, el Papa Benedicto XVI nombró a Ralph como consultor para el Concilio Pontificio para la Nueva Evangelización por un plazo de cinco años.

Según Paco, "Debido al corazón para amar y servir al Señor, la generosidad financiera de la parroquia es increíble". Una historia que he escuchado de tres personas diferentes forma parte de la identidad de la parroquia. El Padre Ed Fride ha sido el párroco de Cristo Rey por más de veintinueve años, y esto es lo que nos dijo en 2011:

> Tuvimos de visita a un obispo de Uganda. Su catedral había sido destruida y tenía que pedir un préstamo de USD $65,000 para reconstruirla. Sin embargo, tuvo problemas con el préstamo y estaba a punto de perder la catedral. Yo le sugerí que mencionara su necesidad durante la homilía y que después podríamos recoger

> una segunda colecta para ayudarle. La parroquia tenía unos doscientos mil dólares en un fondo para emergencias y, después de la segunda colecta, le pregunté a la congregación si estarían de acuerdo de sacar de este fondo la cantidad necesaria para completar los USD$65,000. Todos y cada uno de los presentes levantaron la mano apoyando esta iniciativa. A final de cuentas, recibimos tanto dinero de la segunda colecta que solo tuvimos que sacar entre veinte y treinta mil dólares del fondo de emergencia para cubrir el total. El obispo regresó a casa con USD$65,000 y pudo reconstruir su catedral y, después de un par de semanas, los feligreses repusieron el dinero que habíamos sacado del fondo de emergencia.

El Padre Ed dice que este tipo de generosidad es muy común en Cristo Rey. "Nos esforzamos por asegurarnos de que el 10% de los ingresos brutos salgan de la parroquia, así es que pagamos el diezmo a la Iglesia".

Algunos miembros de la parroquia han tratado de moderar mis expectativas. Me han dicho: "No somos perfectos; también nosotros tenemos problemas". Yo sé que esto es verdad. Pero en cierto sentido, no tiene importancia. La parroquia de Cristo Rey no es perfecta, pero es *real*. Después de haber trabajado con trescientas parroquias, tengo una buena idea de lo que es una "parroquia normal". Conozco a muchos católicos extraordinarios que son miembros de parroquias muy activas. No obstante, nunca he visto o he oído hablar de toda una comunidad parroquial que funcione al nivel de Cristo Rey.

Nunca he estado en una parroquia católica en la que la norma espiritual sea vivir un discipulado y apostolado maduro.

El discipulado es fundamental

Como Paco decía, "El discipulado es completamente fundamental para la parroquia". La misión de la parroquia dice, en parte: "Rendidos ante el Señor Jesús en el poder del Espíritu en el corazón de la Iglesia". El Padre Ed lo expresó de este modo durante una entrevista con el *National Catholic Register* en el año 2007:

> La espiritualidad de la parroquia, en la que constantemente se enfatiza una relación personal con Jesús, es clave Desde el inicio de la parroquia, nosotros formamos parte de la renovación carismática, en donde se fomenta una relación viva y activa con Jesús".[2]

Esto es lo que me dijo a mí:

> Como párroco, yo soy el primer evangelizador de la gente. Si yo no conozco a Jesús de una manera personal, ¿cómo puedo presentárselo a nuestra gente? Mis homilías siempre giran en torno al mismo tema: la gente necesita entregar sus vidas a Jesús. Si no han entregado su vida a Jesús, les presento la manera en la que lo pueden hacer en un contexto católico. Todo debe resumirse a la Eucaristía. Invita a la gente a vivir con Él y por Él, ancla a la gente a la Eucaristía y no se alejarán.

La parroquia ha tenido Adoración Eucarística perpetua por los últimos trece años. El Padre Ed cree firmemente que la Adoración Eucarística ha sido un factor importante en el gran número de vocaciones sacerdotales: "La adoración perpetua en una parroquia aumenta significativamente el protagonismo y visibilidad del Señor Sacramentado".

Una de las cosas que noté en la Misa dominical fue que entre los asistentes, no había una edad o género que predominara. Había adolescentes y adultos jóvenes perfectamente integrados con adultos mayores. Y había muchos niños. El Padre Ed bromea y dice, "Esta parroquia es un cuarto de niños con un sagrario anexo". Él enfatiza que convertir en discípulos a los niños es una prioridad:

> Cuando evangelizamos a nuestros niños lo hacemos de manera intencional. Tenemos un excelente programa desde el jardín de niños hasta el 12° grado. Queremos que nuestros niños conozcan a Dios, que sepan que Él es real y que desea ser su amigo. Para el momento en el que reciben su Primera Comunión, literalmente vibran ante la acción del Espíritu Santo; están tan emocionados que casi no se pueden quedar quietos.
>
> También tenemos el mejor programa de confirmación. Junto con otros grupos cristianos de la comunidad, tenemos un campamento para adolescentes en el que ayudamos a los chicos a tener una experiencia de Dios y animamos a todos los que se preparan para recibir la confirmación para que asistan. Además, tenemos un programa juvenil para los muchachos que estudian preparatoria. El retiro Kairos, que se lleva a cabo en la preparatoria católica de la región, tiene un impacto muy fuerte en los muchachos que están a punto de graduarse e ir a la universidad.

Si unimos esa intencionalidad con una cultura parroquial en la que el discipulado adulto es la norma, donde hay un gran número de familias intactas, con padres y madres que anhelan transmitir la fe a sus hijos, lo que sucede en Cristo Rey resultaría inevitable.

Una parroquia como Cristo Rey subraya lo que está en

juego ante nuestro fracaso actual por fomentar el discipulado de todos los bautizados. Hay muchas cosas en la balanza, pero sin duda estas son las principales:

1. La felicidad eterna en Dios (la salvación) de todos los seres humanos.
2. La fructificación completa de la Misa y los sacramentos.
3. La siguiente generación de líderes, santos y apóstoles católicos: sacerdotes, religiosos y laicos.
4. La plenitud de la misión de la Iglesia en la Tierra.

La buena noticia es que he visto surgir los mismos frutos en cada parroquia que busca su propio discipulado intencional de manera efectiva y continua.

La experiencia de la parroquia del Sagrado Corazón

Hace diecisiete años conocimos a Carol McGee y a la parroquia del Sagrado Corazón en Boise, Idaho, mientras ella y otros dos líderes laicos viajaban en coche por las montañas en medio de una tormenta invernal para asistir a su primer curso de "Llamados y Dotados". Carol dirigía las labores de formación en la fe y la evangelización de su parroquia. Pocos años antes, la parroquia había comenzado a ofrecer retiros de Evangelización enfocados en la renovación de los sacramentos de iniciación. El poder que el Espíritu Santo derramó mediante esa experiencia había generado la necesidad de discernimiento. Así es que pidieron nuestra ayuda.

Para el 2012, no podía comenzar a contar el número de parroquianos del Sagrado Corazón que me habían dicho que sus vidas habían cambiado drásticamente al asistir a su Retiro de Evangelización. (Me resulta fascinante el hecho de que una cuarta parte de los participantes de los retiros no son católicos. En Boise, ¡los bautistas acuden a los católicos para ser evangelizados!). Carol calcula que un 25% de los adultos que son miembros de la parroquia del Sagrado Corazón ya son discípulos intencionales. Muchas de estas personas habían estado alejadas de la Iglesia por años y ahora tienen un deseo ardiente de seguir a Jesucristo. Su pasión ha cambiado la vida de la comunidad.

Tanto la asistencia a Misa como las donaciones se incrementaron, lo que resultó en las donaciones más altas per cápita en la diócesis. El 40% de los miembros de la parroquia participan en algún ministerio y el 75-80% de ellos han participado en un Retiro de Evangelización. Los fieles participaron activamente en la creación del lema de la parroquia: "Ser un Modelo del Amor de Cristo". La parroquia está dedicada a tener un fuerte impacto en la Iglesia y en el mundo que le rodea. La pregunta que se hizo cuando estaban discerniendo su misión era: "Además de los miembros de la parroquia, ¿alguien más se daría cuenta si la parroquia dejara de existir? ¡Queremos que la respuesta sea un sí rotundo!".

En la búsqueda de esa meta, se han formado nuevos ministerios, que en ocasiones no son muy tradicionales. Se formó un equipo de oración de sanación, integrado por personas que discernieron carismas de oración de intercesión y sanación. Después de haber recibido capacitación sobre la oración de sanación, estas personas oran por los miembros del Sagrado Corazón y otras parroquias. Carol dice que muchas sanaciones milagrosas han ocurrido —físicas, emocionales y espirituales.

Otros de los nuevos ministerios incluyen el Ministerio de Contacto (llamar por teléfono a otros feligreses para "mantenerse en contacto"), clases de inglés para inmigrantes, Nadie Muere Solo y el Servicio Dominico de Ayuda y Educación en América Central. Hay un equipo que lleva el Retiro de Evangelización a diferentes parroquias en Idaho y otros estados de Estados Unidos. También tienen un equipo que enseña el curso "Llamados y Dotados" y que viaja por todo Idaho.

Además, la parroquia ha discernido un carisma comunitario de misericordia, que se expresa en obras de misericordia espirituales y corporales, como hacer oración frente a una clínica de abortos en el área (que ahora está cerrada) y un comedor para los pobres. La parroquia participó en la inauguración de dos casas para trabajadores católicos que se enfocan en la contemplación y la acción. Los miembros de la parroquia participaron en una labor para apoyar un refugio para los indigentes, trabajaron con "Habitat for Humanity" y cooperaron con otras organizaciones caritativas católicas para ayudar a refugiados e inmigrantes recolectando enseres domésticos, dando clases de inglés y auspiciando una Misa en swahili.

La experiencia de una mujer en particular ha cambiado la vida de muchos. Ellen Piper es una trabajadora social que dirige la comunidad del Trabajador Católico en Boise. Ellen ayudó a fundar el refugio para los indigentes en el estado y también encontró el personal y el equipo necesarios para formar un grupo de bomberos indigentes. Además, ella inició dos casas de alojamiento temporal para hombres y mujeres sin hogar mientras estudiaba su Maestría en Trabajo Social. Han pasado doce años desde que Ellen era simplemente una feligresa callada pero con un corazón inquieto. Así es como Ellen describe el inicio de su aventura:

> Yo sentía que estaba llamada a hacer algo. Oraba y le decía a Dios: "Señor, ¿qué quieres que haga?". Tuve un sueño en el que oí las palabras: "Haz obras de misericordia". Le pregunté a un sacerdote cuáles eran las "obras de misericordia". Después asistí a un Retiro de Evangelización y algo en mí se encendió. Decidí trabajar

> con la Sociedad de San Vicente de Paul. Parecía algo seguro para empezar. Luego asistí al taller "Llamados y Dotados". Ahí pude discernir que mi carisma estaba relacionado con las obras de misericordia y pensé, "Esto es lo que debo hacer".
>
> Esto no hubiera sido posible si no fuera por el taller "Llamados y Dotados". Ver el don de la misericordia en la hoja de mi inventario de carismas realmente me fortaleció. Yo pensé que si Dios me estaba fortaleciendo, podía tener el valor de salir de la parroquia. Si el taller "Llamados y Dotados" y el Retiro de Evangelización no hubieran llegado a mi parroquia, ahora no estaría hablando contigo. No hubiera salido de mí misma para ayudar a los demás.

CULTIVAR EL DISCIPULADO

He sido testigo de esto una y otra vez. *La presencia de un número importante de discípulos lo cambia todo*: el tono espiritual de una parroquia, su nivel de energía, de asistencia y la percepción que los feligreses tienen de sus líderes. Los discípulos oran con pasión. Los discípulos alaban a Dios. Los discípulos aman a la Iglesia y la sirven con entusiasmo y alegría. Los discípulos dan generosamente. Los discípulos tienen hambre de aprender más sobre su fe. Los discípulos llenan las clases de formación en su parroquia o diócesis. Los discípulos manifiestan carismas y disciernen vocaciones. Ellos buscan discernir el llamado de Dios porque anhelan vivirlo. Los discípulos evangelizan porque tienen buenas nuevas que compartir. Los discípulos comparten su fe con sus hijos. Los discípulos se interesan por el pobre y por la justicia. Los discípulos se arriesgan por el Reino de Dios.

El Espíritu Santo planta una gran diversidad de carismas y vocaciones en los corazones de Su pueblo. Al igual que las gracias de los sacramentos, estas son reales, pero no son mágicas. Así como los padres tienen que fomentar los talentos de los niños para que puedan alcanzar su máximo potencial, asimismo la Iglesia debe alimentar y fomentar las vocaciones.

En esta área, no estamos pidiendo demasiado; nos estamos conformando con muy poco. Dios no nos pide que suscitemos los dones y vocaciones de algunas personas; Él nos pide que suscitemos los dones y vocaciones de millones. Nuestro problema no es que haya escases de vocaciones, sino que no contamos con los sistemas de apoyo y el liderazgo necesarios para alimentar la mayoría de las vocaciones que Dios nos ha enviado. *Fundamentalmente, cuando no llamamos a nuestra gente al discipulado, inconscientemente estamos alejando a la mayoría de las vocaciones que Dios nos ha dado.*

Aunque casi nunca hablamos de ello, la Iglesia es responsable de los carismas y de las vocaciones personales de cada uno de sus miembros:

> ...La Iglesia cumple su misión cuando orienta a cada uno de los fieles a descubrir y vivir la propia vocación en la libertad y a realizarla en la caridad.
>
> ...En efecto, Dios con su llamada toca el corazón de cada hombre, y el Espíritu, que habita en lo íntimo de cada discípulo (1 Juan 3, 24), es infundido a cada cristiano con carismas diversos y con manifestaciones particulares. Por tanto, cada uno ha de ser ayudado para poder acoger el don que se le ha dado a él en particular, como persona única e irrepetible, y para escuchar las palabras que el Espíritu de Dios le dirige.[3]

Hay un momento que recuerdo particularmente sobre la época en la que comenzaba a conocer al Padre Michael Sweeney, quien era mi párroco en Seattle. El Instituto Catalina de Siena ni siquiera estaba en nuestros sueños. Yo formaba parte de un grupo de jóvenes católicos y estábamos reunidos una noche con el Padre Michael. Algunos de nosotros acabábamos de convertirnos, otros habían sido católicos toda la vida. Todos anhelábamos vivir como discípulos y apóstoles.

No recuerdo qué fue lo que originó la conversación, pero el Padre Michael repentinamente nos dijo algo que nunca he olvidado: *"Ustedes son la prueba de que mi sacerdocio está produciendo fruto"*.

Recuerdo que al principio yo estaba sorprendida. Pensé: "El Padre Michael está hablando como si fuera un *ser humano*. [En ese entonces, aún no me quedaba claro que los sacerdotes también son humanos]. Como si fuera uno de nosotros, como si todavía no estuviera seguro de esto. Está buscando señales que le hagan ver si su vocación, su vida, deja una huella en los demás. ¿Quién hubiera pensado que los sacerdotes se hacen las mismas preguntas que nosotros nos hacemos?". Lo que yo no sabía es que el Padre Michael se refería a la función sacerdotal de gobierno. Gobierno es una de las tres funciones, o *munera,* del sacerdocio ministerial: la función santificadora, la enseñanza y la función de gobierno.

Gobierno pastoral

La Iglesia lo expresa de esta manera:

> …El sacerdocio ministerial está al servicio del sacerdocio común, en orden al desarrollo de la gracia bautismal de todos los cristianos (*CIC* 1547).
>
> …El sacerdocio ministerial difiere esencialmente del sacerdocio común de los fieles porque confiere un poder sagrado para el servicio de los fieles (*CIC* 1592).

San Pablo entendía que el liderazgo en la Iglesia está destinado a fomentar el crecimiento espiritual y la misión de *todos* los bautizados:

> Y dio sus dones, unos son apóstoles, otros profetas, otros evangelistas, otros pastores y maestros. Así prepara a los suyos para las obras del ministerio en vista de la construcción del cuerpo de Cristo; hasta que todos alcancemos la unidad en la fe y el conocimiento del Hijo de Dios y lleguemos a ser el Hombre perfecto, con esa madurez que no es otra cosa que la plenitud de Cristo (Efesios 4, 11-13).

Las enseñanzas de la Iglesia detallan lo que esto significa. Los sacerdotes deben hacer lo siguiente:

- *Cooperar* con los laicos para realizar su misión en el mundo
- *Escuchar* a los laicos
- *Reconocer* la experiencia de los laicos
- *Despertar y profundizar* la corresponsabilidad de los laicos
- *Encomendar* confiadamente a los laicos tareas en servicio de la Iglesia
- *Pedir las iniciativas* de los laicos
- *Ayudar* a todos a *explorar y discernir su vocación*
- *Formar y apoyar* a los apóstoles seglares[4]

La función de gobierno también requiere que los sacerdotes reconozcan, descubran con fe, acepten con gozo, alienten con diligencia, valoren, juzguen, disciernan, coordinen, hagan buen uso y tengan una "sincera apreciación" de los carismas de todos los bautizados.[5]

Las fuerzas espirituales que se desatan en la comunidad cristiana por medio de la conversión y el discipulado suscitan y demandan un gobierno. La paternidad viva con hijos reales —sobre todo con hijos adultos— es una verdadera relación. Como padres espirituales, los sacerdotes suscitan y alimentan el sacerdocio bautismal. Las necesidades, los dones y las iniciativas de los discípulos laicos llevan a la plenitud la enseñanza, la santificación y el gobierno de los ordenados.

El Padre Mike Fones sabe lo enriquecedora que la experiencia de gobierno puede ser:

> De los tres aspectos del sacerdocio, yo diría que me siento más atraído al aspecto real. Considero que mi sacerdocio se lleva a cabo a plenitud cuando la gente discierne su llamado y comienza a vivir en el mundo. Mi experiencia me dice que este aspecto del gobierno pastoral —la expresión de la función real del sacerdote compartida con Cristo— ha sido increíblemente ignorado. Con frecuencia me pregunto lo que pasaría si un párroco se enfocara intencionalmente en este aspecto del sacerdocio. Me pregunto cómo responderían los feligreses si su párroco los desafiara a discernir conscientemente sus dones y su llamado (y los ayudara en el proceso), para después vivir ese llamado con el apoyo intencional de la parroquia.
>
> También me pregunto si muchos jóvenes no se sienten atraídos al sacerdocio porque su llamado está íntimamente relacionado con el aspecto real del ejercicio del sacerdocio. Conozco sacerdotes que experimentan de manera más profunda su sacerdocio cuando celebran los sacramentos y otros que consideran que la formación y la predicación son la piedra angular de sus vidas. ¿No habrá también hombres que responderían a la invitación

> de Cristo para ser sacerdotes si vieran la función real expresada de manera más clara y poderosa?

Gaurav Shroff es uno de esos hombres. Gaurav comenzó su vida como un hindú en una familia italiana muy educada. Él encontró el cristianismo por primera vez mediante la belleza de los cantos gregorianos. Gaurav fue ordenado sacerdote en junio del 2013 en la Arquidiócesis de Atlanta y tiene una visión similar para su propio ministerio sacerdotal:

> La evangelización y la vocación del laicado será la pasión central de mi ministerio como sacerdote diocesano. Veo mi futuro rol como el de alguien que guía, santifica, y enseña al laicado, no como a receptores pasivos. Deberé ser "alguien que convoca sus dones, talentos, carismas, para que los fieles laicos de Cristo puedan ser equipados para llevar el Evangelio al mundo y compartir la misión de la Iglesia".[6]

Participación del laicado

El incremento tan drástico en el número de católicos bautizados en los siglos XIX y XX está ejerciendo una enorme presión en la relación sacerdotelaico. La población católica mundial se ha cuadruplicado en el último siglo (de 291.4 millones en 1910 a 1,196 millones en el 2010).[7] Además, 34 millones de católicos se unieron a la Iglesia entre el primero de enero del 2008 y el 31 de diciembre del 2009. La escasez mundial de sacerdotes se debe a la mejora de los servicios de salud y el acceso a mejores alimentos y agua potable, lo que ha resultado en un gran descenso en la mortalidad infantil en el siglo XX. Además, la fe se ha esparcido como un fuego arrasador en grandes áreas del Hemisferio Sur que antes no eran cristianas. Estos problemas son positivos para la Iglesia, pero como sucede con todos los desafíos, traen consigo efectos no deseados.

En el 2010 había 48,415 *más* sacerdotes y 57,652 *más* seminaristas en el mundo que en 1950.[8] Sin embargo, debido al crecimiento asombroso en el número de católicos, los obispos y sacerdotes constituyen una pequeña parte (0.035%) del cuerpo de la Iglesia Católica. En el 2010, 417,340 sacerdotes y obispos servían a aproximadamente 1,195,582,000 de hombres y mujeres.[9] El laicado —el sacerdocio común— constituye el 99.962% de la Iglesia (sin incluir a los diáconos, que son ordenados). En 1978, los laicos católicos eran solamente el 10.8% de la fuerza laboral de la Iglesia.[10]

Treinta años después, en el 2009, los catequistas y misioneros laicos representaban aproximadamente un 72% de la "Fuerza Laboral para el Apostolado de la Iglesia".[11]

Yo creo que esto es un ejemplo de lo que el Papa Benedicto XVI llama un *novità di Dio,* una "innovación de Dios". El Santo Padre citó una máxima de San Buenaventura: "*Opera Christi non deficiunt, sed proficiunt*", "Las obras de Cristo no retroceden, no desaparecen, sino que avanzan".[12] En el siglo XXI, Dios parece estar haciendo algo nuevo para satisfacer las necesidades de nuestro tiempo. Millones de hombres y mujeres seglares están respondiendo al llamado de Dios a evangelizar, formar y alimentar a los millones de nuevos hermanos y hermanas que Dios nos envía cada año.

Los sacerdotes y diáconos participan por derecho en la labor pastoral de Cristo como colaboradores del obispo. Sin embargo, todos los líderes parroquiales y diocesanos —formales o informales, voluntarios o remunerados— participan en la labor pastoral *por comisión* de su obispo o párroco. (Estamos acostumbrados a lo anterior en el ministerio de formación. A un nivel práctico, la mayoría del trabajo de catequesis de la Iglesia lo han llevado a cabo los laicos por siglos). Por lo tanto, todos los líderes pastorales participan en el gobierno en diferentes niveles. *Todos* necesitamos ser capaces de decir a los discípulos que surgen de entre nosotros, "Tú eres la prueba de que mi ministerio está produciendo frutos".

No importa cuántas instituciones apoyemos o cuánta actividad sucede en nuestra parroquia o nuestra diócesis, si no surgen discípulos intencionales regularmente de entre nosotros, nuestro ministerio no está produciendo su fruto más importante. Así como los dones de la paternidad no se ponen en práctica si no tenemos hijos, asimismo la expresión de la labor pastoral se atenúa y, en cierto sentido, se suprime por la falta de discípulos y apóstoles laicos que la pidan y la reciban.

El núcleo de las vocaciones

> "Y lo llevó a Jesús" [Juan 1, 42]. De cierto modo, *este es el núcleo de toda la pastoral vocacional de la Iglesia*, con la que cuida del nacimiento y crecimiento de las vocaciones, sirviéndose de los dones y responsabilidades, de los carismas y del ministerio recibidos de Cristo y de su Espíritu.[13]

En la tradición católica, la palabra *vocación* no es sinónimo de *profesión eclesial*. Una vocación es un misterio supernatural que surge de un encuentro sostenido con Cristo. Es un camino santificante y una labor de amor a la que Cristo nos llama. Una vocación complementa nuestras cualidades naturales, pero nos lleva más allá de lo que podríamos imaginar. El ejemplo clásico de este principio es Simón Pedro. Como observaba el teólogo Hans Urs von Balthasar: "Simón, el pescador, ante su encuentro con Cristo, qué tan a fondo ha de haber buscado dentro de sí, que no pudo encontrar rastro de Pedro".[14]

El discipulado es el semillero necesario, sin el cual las vocaciones cristianas no podrían germinar y crecer. El discernimiento vocacional debe estar arraigado en una conversación profunda entre otros discípulos. Después de que tuve una larga conversación con el Padre Gregory Jensen (un sacerdote y psicólogo ortodoxo) sobre el estado del discipulado en nuestras respectivas comunidades, él escribió esto en su blog:

> Yo diría que lo que sucede generalmente es que les pedimos a personas que no se han arrepentido (y que aún no son discípulos de Cristo) que acepten un trabajo destinado para apóstoles. No solamente confiamos trabajo filantrópico a aquellos que todavía no son discípulos de Cristo, sino que también les pedimos que se comprometan con la evangelización y la catequesis y que sirvan en el consejo pastoral. Hasta les damos la bendición para que vayan al seminario y los ordenamos al diaconado o al sacerdocio.
>
> Hacemos esto porque nosotros mismos no somos en esencia discípulos de Jesús. Al no haberle dado importancia al arrepentimiento en mi vida, soy indiferente a este en la tuya Como no hemos dado importancia al arrepentimiento y a la formación espiritual del laicado como discípulos, básicamente le pedimos a la gente que soporte cargas que van más allá de sus fuerzas. Si no tienen conciencia de los dones que Cristo les ha dado personalmente en el bautismo y si no cuentan con la formación espiritual adecuada para el ejercicio de dichos dones (y aquí se incluye una formación ética sobre los límites que esos dones imponen en mi voluntad), no debería sorprendernos que estas personas fracasen. No podemos pedirle ni a la persona más buena y talentosa que aún no es un discípulo que lleve a cabo la labor que está destinada solo para los apóstoles. Y sin embargo, lo hacemos todo el tiempo.[15]

Según CARA, en 2021 había 24,204 sacerdotes diocesanos en Estados Unidos, de los cuales el 34% están jubilados. Hay un sacerdote diocesano activo por parroquia para los 73.2 millones de estadounidenses que conservan una identidad católica y los casi 40 millones de ex católicos. Nuestra población católica es un 35% mayor que hace cuarenta años, cuando era atendida por un 12% más de parroquias. La mayoría de las diócesis en el país experimentan una escasez de sacerdotes. La buena noticia es que, si evangelizamos, no será difícil convertir a nuestras parroquias en semilleros de tierra vocacional fértil. Yo vi cómo sucedía esto en la parroquia del Santísimo Sacramento en Seattle, una comunidad con muchos discípulos jóvenes.

Cuando el Padre Michael Sweeney todavía era el párroco, comenzó un grupo de discernimiento abierto a todos los hombres y mujeres solteros que creían que podían estar siendo llamados a una vocación eclesial. Era un grupo confidencial que ofrecía un espacio seguro para explorar de manera inicial la posibilidad de una vocación sacerdotal o religiosa sin la presión de familiares o amigos. Todos los miembros tenían que pasar por el proceso de "Llamados y Dotados" para poder conocer mejor sus carismas personales y los carismas comunes de las comunidades religiosas que estaban investigando. Estos fieles se reunían una vez al mes para discutir las enseñanzas de la Iglesia sobre vocación, vida religiosa y sacerdocio, y para hablar sobre las visitas que realizaban a alguna comunidad religiosa o a algún director vocacional. Era un proceso simple, pero producía un fruto asombroso. Como resultado, en un período de dos años, ocho miembros de la parroquia ingresaron a las comunidades Benedictina, Dominica y Trapense y al seminario diocesano.

Discernimiento de los carismas

Nuestras parroquias deben convertirse en lugares en los que es normal que un adulto católico se pregunte: "¿Cuál es el llamado que Dios me hace?". Con el paso de los años, hemos descubierto que una manera muy poderosa para fomentar una cultura parroquial de discernimiento es comenzar por discernir los carismas personales.

Los carismas son una de las muchas gracias que recibimos en el bautismo y la confirmación. Un carisma es "un regalo" o, en palabras de Santo Tomás de Aquino, una "gracia gratuita" otorgada a un miembro del cuerpo de Cristo para empoderarlo para construir la Iglesia y para ser testigo de Cristo en el mundo. Los carismas son maneras poderosas en las que la misericordia, el amor, la sanación, la verdad, la belleza y la providencia Divinas llegan a otros por medio de nosotros. Lo que es aún más importante: a diferencia de los talentos innatos, el hombre no puede guardarse los carismas para sí mismo, ni puede utilizarlos deliberadamente para hacer el mal.

San Pablo y muchos de los primeros Padres de la Iglesia (entre ellos Santo Tomás de Aquino), escribieron en detalle sobre la existencia y el significado de los carismas en la vida y la misión de la Iglesia.[16] La primera discusión sobre los carismas que tuvo lugar en un concilio ecuménico sucedió mientras se discutía la misión apostólica del laicado en el Concilio Vaticano II. Esta es una razón por la que el *Decreto sobre el Apostolado de los Laicos* establece:

> Más aún, cada uno debe prepararse diligentemente para el apostolado, obligación que es más urgente en la vida adulta, porque avanzando la edad, el alma se abre mejor y cada uno puede descubrir con más exactitud los talentos con que Dios enriqueció su alma y aplicar con más eficacia los carismas que el Espíritu Santo le dio para el bien de sus hermanos.[17]

Durante el proceso "Llamados y Dotados", abordamos veinticuatro de los carismas más comunes. Carismas como evangelismo y motivación pueden animar a otros a abrir sus vidas a Cristo. Carismas como formación y sabiduría pueden ayudar a remover obstáculos para poder elegir el discipulado personal. Dones como sanación, intercesión y hospitalidad pueden permitir que quienes los reciben, cooperen en el trabajo redentor de Cristo sanando a otros. Y carismas como liderazgo, administración, misericordia y donación permiten que quienes los reciben, cooperen en el trabajo redentor de Cristo sanando a la sociedad.

Al igual que las vocaciones personales, los carismas casi siempre se manifiestan *después* de que nuestra fe se vuelve personal y una vez que hemos comenzado nuestro discipulado. Es posible que también se manifiesten por primera vez *cuando* nos topamos a alguna persona o situación que requiera un don en particular. En resumen, los carismas tienden a manifestarse en la misteriosa intersección en la que la Iglesia y el mundo claman a Dios por que necesitan un discípulo que siga el llamado de seguir a Jesús. Cuando la comunidad católica comienza a fomentar el discernimiento de los carismas, el discípulo comienza a experimentar en carne propia el "He sido ungido y enviado por Cristo". Ciertamente, el discernimiento de los carismas de una persona se convierte en una pista crucial para "el ámbito del llamado"— el área para la cual Dios ha dotado a la persona. Y esto, en consecuencia, facilita el discernimiento de otros llamados.

Los católicos que disciernen sus carismas con frecuencia lo hacen como una manera para comenzar a discernir su vocación personal. Muchas personas que han asistido al taller "Llamados y Dotados" lo hacen como un primer paso para discernir un llamado al sacerdocio o a la vida religiosa.

Un resultado fascinante de todo esto es que un carisma lleva consigo *cierto liderazgo (formal o informal)* en el área particular del don. Hemos visto una y otra vez, con los 65,000 católicos que han experimentado el proceso “Llamados y Dotados”, que reconocer los propios carismas desencadena una creatividad y una iniciativa impresionantes.

Scott Moyer, un emprendedor en la industria de alta tecnología, dijo que él descubrió que “no había sido llamado al sacerdocio, y sin embargo parecía como que una parte de él nunca iba a poder realizarse”. Discernir sus carismas dejó al descubierto su inquietud e impulsó a Scott a tomar un empleo de tiempo completo como director de formación para adultos en la parroquia y como líder del equipo de “Llamados y Dotados” en el área de la Bahía de San Francisco. Otro hombre, un militar retirado de Virginia, discernió un carisma de administración y ¡le ofreció al párroco sus servicios como administrador de tiempo completo sin costo alguno!

El discernimiento genuino también puede llevar a las personas a ir en dirección contraria. En Atlanta, tres antiguos alumnos de “Llamados y Dotados” me dijeron que habían descubierto un llamado a dejar el ministerio de tiempo completo y regresar al mundo de los negocios como apóstoles seglares, algo que anteriormente no habrían considerado como algo legítimo. Un joven en Seattle, que terminó por convertirse en un religioso dominico, resumió su experiencia de discernimiento de esta manera: “Era una opción real. Ustedes hicieron que ser un apóstol laico sonara muy interesante”.

Si no consideramos la parroquia como el centro de la evangelización y la formación apostólica, estamos negándoles a los sacerdotes y a los colaboradores pastorales uno de los gozos más grandes del ministerio y una de las protecciones más poderosas contra el cinismo y el hastío. Es increíblemente satisfactorio ver a la gente cobrar vida espiritual y personalmente, es una profunda realización de la labor pastoral. Ver al Espíritu Santo transformar vidas y escuchar historias de cómo Dios usa a católicos "ordinarios" de manera extraordinaria es algo que revitaliza nuestra fe. Es increíble poder ser testigos del surgimiento de nuevas Madre Teresas y Dorothy Days, de dominicos del siglo veintiuno y de Frederick Ozanams modernos. Tal y como el Padre Mike Fones me dijo después de haber pasado un año con nosotros, "Esta experiencia ha transformado mi forma de entender el sacerdocio y también mi vida espiritual personal".

Si nos enfocamos en formar discípulos y en dotar a los apóstoles primero, lo demás vendrá por sí solo. No tendremos que preocuparnos por las brechas institucionales. Los discípulos y apóstoles que formemos hoy sostendrán nuestras instituciones y estructuras el día de mañana, y el Espíritu Santo les inspirará y les dará los dones necesarios para hacer cosas que nosotros ni siquiera podemos soñar. Estamos llamados a poner atención para luego hacer discípulos de aquellos que han sido ungidos y que en este momento entran y salen de nuestras parroquias.

CAPÍTULO 4

La Gracia y la gran cruzada

"La Gracia es gracia, no es magia".

Mark Shea

En la novela de Léon Bloy, *La Mujer Pobre*, la heroína declara, "Sólo hay una tristeza… y es la de no ser Santos".[1] La tragedia de no ser un santo es tanto global como personal, temporal como eterna. La vida de un santo emite ondas de gracia que bendicen a muchos dentro y fuera de la Iglesia. Cuando falta el fruto de la vida de un santo, todos resultamos empobrecidos porque el impacto de la presencia o la ausencia del poder del Espíritu Santo no termina en los límites de la vida terrenal de un individuo.

Sin embargo, no estoy de acuerdo con Bloy. Yo considero que hay una tristeza peor que la falta de santos individuales: *la ausencia del fruto comunal* que Dios tiene destinado para nuestras comunidades cristianas. Esta ausencia es casi una pérdida inconmensurable, ya que afecta a toda la raza humana. Podemos ser despojados de los ríos de oración, generosidad, sabiduría, amor, creatividad, carismas, vocaciones y gracia que Dios tiene previstos para bendecir, sanar, evangelizar y transformar las vidas de billones de personas.

Gracia es una palabra que tiene múltiples significados, tanto en español como en griego (*charis*). Es al mismo tiempo el *fruto* de la acción de Dios en nosotros y un *don* supernatural y gratuito que Dios nos da para ayudarnos a alcanzar la vida eterna. La gracia faculta nuestros intelectos y nuestra voluntad para comprender la voluntad de Dios y para obedecerla, a la vez que nos deja libres para resistirla si así lo deseamos. En resumen, es amor recibido y ofrecido.[2] El fruto de la vida sacramental es a la vez personal y eclesial. Por una parte, este fruto es para todo fiel la vida para Dios en Cristo Jesús: por otra parte, es para la Iglesia crecimiento en la caridad y en su misión de testimonio. (*CIC* 1134). "El fruto de *todos* los Sacramentos pertenece a *todos*", son "vínculos sagrados que unen a todos y los ligan a Jesucristo" (*CIC* 950, énfasis añadido).

Santo Tomás de Aquino enseñaba que la gracia sana el alma ayudándonos a reconocer el bien, mientras que nos faculta para desear el bien, hacer el bien, perseverar en el bien y alcanzar la gloria.[3] La gracia santificante — la gracia salvadora que nos hace participantes en la vida de la Santísima Trinidad y miembros del cuerpo de Cristo — es recibida por niños y adultos mediante una recepción de los sacramentos con las *disposiciones requeridas* (*CIC* 1131). ¿Qué quiere decir "con las disposiciones requeridas"? He aquí una historia de una importancia inmensa.

Gracia y disposición

En las décadas recientes, casi no se ha discutido a nivel parroquial cómo puede una persona preparar su corazón, su alma y su vida entera para *recibir* los sacramentos de manera *fructífera*. Tampoco podemos ni siquiera imaginarnos las maravillas que Dios haría entre nosotros si las vidas de nuestro pueblo se caracterizaran por su fecundidad espiritual. Una Iglesia que está consciente de que posee "la plenitud de los medios de la gracia" debe anhelar que *esa gracia se manifieste a plenitud*.

El mundo espera, anhela esta plena manifestación. Sin embargo, en muchas de nuestras parroquias, hemos aceptado una "fe" pasiva y conceptual, una ausencia generalizada de frutos, y una escasez de manifestación de la gracia. La idea distorsionada de lo que es "normal" ha moldeado nuestra cultura parroquial y nuestra práctica pastoral, con resultados devastadores.

Si nuestra práctica pastoral consiste en llevar a un cambio de vida, entonces debemos estar conscientes de que la *recepción de un sacramento válido* y la *recepción fructífera de una gracia sacramental* son dos cosas diferentes, aunque están relacionadas. La *validez* significa que el sacramento ha sido verdaderamente conferido y que la gracia prevista se ha hecho realmente presente en la persona que recibe el sacramento. Pero la validez *no* garantiza que la gracia suministrada *ha sido recibida activamente y que está dando sus frutos en la vida de esa persona*. ¿Qué quiero decir con esto?

Desde hace mucho tiempo, la Iglesia ha distinguido entre redención "objetiva" y redención "subjetiva". Por Su vida, muerte y resurrección, Jesús ha reconciliado nuestra estirpe con el Padre; esta es la redención objetiva. La redención subjetiva es la *aplicación* de los dones salvadores de Cristo a los individuos, la *realización* de la transformación salvífica en cada una de nuestras vidas. Los seres humanos (con excepción de la Virgen María[4]) no contribuyen en lo más mínimo al trabajo de Cristo en la redención objetiva, pero el ejercicio de nuestra cooperación voluntaria con la gracia de Dios es fundamental en el drama de la redención subjetiva.

Como adultos, podemos hacer algo que los niños no pueden hacer: podemos poner obstáculos (*obex*) que detienen la gracia de Dios completamente o en parte. Los adultos y los niños que han pasado la edad de la razón no son sujetos pasivos para los que la salvación simplemente "sucede", como si fueran pacientes anestesiados en una camilla. Más bien, somos agentes activos que están, en palabras del propio Jesús, llamados a amar a Dios con todo nuestro corazón, alma, mente y fuerzas (ver Marcos 12, 30). Como observaba San Agustín, "quien te hizo sin ti, no te justifica sin ti".[5]

La Iglesia utiliza un lenguaje muy fuerte en este sentido, y llama *superstición* al hecho de tratar los sacramentos como si fueran mágicos y como si nos cambiaran sin nuestra cooperación activa.

> Atribuir su eficacia a la sola materialidad de las oraciones o de los signos sacramentales, *prescindiendo de las disposiciones interiores que exigen*, es caer en la superstición (*CIC* 2111).

Tradicionalmente, la Iglesia ha reconocido tres aspectos de los sacramentos del Bautismo, Confirmación y Orden sacerdotal que otorgan un "carácter" sacramental y es por eso que no pueden ser repetidos. El primer aspecto es el signo externo — la "inmersión" en el agua en el caso del Bautismo. El segundo es el "carácter" o "sello" permanente que el sacramento válido impone en el alma. El tercer aspecto es la gracia sacramental que se hace presente. Esta gracia en ocasiones se denomina "realidad interna". La justificación interior, "la aplicación de la redención al individuo"[6] es la *realidad* del bautismo. Para que un adulto pueda ser bautizado fecundamente, debe abrazar *tanto* el bautismo *como* el efecto del bautismo, *tanto* el signo sacramental *como* la realidad interna.

Esta aceptación de "tanto/como" es lo que la Iglesia denomina "disposición positiva" en el contexto de los sacramentos. Es una búsqueda deseosa de Dios con la esperanza de que Dios llegue. La "disposición positiva" significa que estamos preparados para cambiar y que activamente estamos buscando la gracia de Dios para poder hacerlo. Se denomina *positiva* porque incluye la expectativa de que Dios tiene el propósito de revelársenos, que nos guiará por el camino que debemos seguir y que nos dará los auxilios necesarios (tanto interna como externamente) para disponernos a hacer lo que Él nos llama a hacer.

La intención es importante

No es suficiente recibir un sacramento de manera pasiva. La gracia que recibimos está directamente relacionada con la fe personal, la expectativa espiritual y el hambre con la que nos acercamos al sacramento. Santo Tomás describe cómo los adultos que han sido bautizados válidamente pueden recibir diferentes efectos de gracia o ninguno de ellos:

> Por tanto, puesto que todos los niños tienen las mismas disposiciones para el bautismo —ya que son bautizados no en la propia fe, sino en la fe de la Iglesia —, todos reciben el mismo efecto. Los adultos, sin embargo, que se acercan al bautismo por su propia fe no se encuentran todos en las mismas disposiciones con respecto al bautismo: unos se acercan con más devoción que otros, por lo que unos reciben más gracia de la nueva vida, y

> otros menos, de la misma manera que del mismo fuego recibe más calor quien más se acerca a él, aunque el fuego, de suyo, difunda su calor a todos por igual.[7]

La *Enciclopedia Católica* habla de la misma posibilidad:

> El carácter conferido por estos sacramentos es diferente de la gracia conferida por ellos Puede suceder que, durante la recepción de estos sacramentos, se confiera el carácter pero se niegue la gracia; la falta de la propia disposición que por sí misma es suficiente para negar la recepción de la gracia, puede permitir la recepción del carácter.
>
> De este modo, un adulto que recibe el Bautismo sin tener fe y sin estar arrepentido pero con la intención real de recibir el sacramento, obtiene el carácter sin recibir la gracia.[8]

Cuando hablo en público sobre esta posibilidad, los sacerdotes que se encuentran presentes —incluyendo a aquellos que se apasionan por la evangelización, parecen quedar confundidos y desconcertados. Todavía no conozco a un sacerdote o diácono que me haya dicho que ya había oído esta posibilidad durante sus estudios en el seminario. Con razón casi nunca discutimos la posibilidad de que las gracias recibidas objetivamente pueden no manifestarse en la vida de las personas y en medio de nuestras comunidades.

La fe personal juega un papel importante para los adultos en lo que se refiere a la *validez* de un sacramento. Un niño mayor o un adulto no solamente debe tener la intención de recibir el sacramento en cuestión, sino que también debe poseer un *mínimo nivel de fe cristiana* para recibir válidamente un sacramento:

> En la actualidad, la situación de fe de las personas bautizadas no es clara, y la Iglesia y sus teólogos reconocen a dos tipos de bautizados: los creyentes y los no creyentes. Los dos se distinguen de manera teológica basándose en la presencia o ausencia de una fe personal y activa.[9]

Lo que no queda claro todavía es la cantidad mínima de fe que se requiere del receptor antes de que el sacramento sea válidamente conferido. El entonces Cardenal Ratzinger escribió en 1999:

> A la esencia del Sacramento pertenece la fe; queda por aclarar la cuestión jurídica acerca de qué evidencia de "no fe" implica que no se realice un Sacramento.[10]

Esta no es la única ocasión en la que el Papa Benedicto XVI ha reflexionado sobre este asunto:

> Durante la reunión con el clero de la Diócesis de Aosta el 25 de julio del 2005, el Papa Benedicto XVI habló sobre esta difícil cuestión… "Cuando era prefecto de la Congregación para la doctrina de la fe, invité a diversas Conferencias episcopales y a varios especialistas a estudiar este problema: un sacramento celebrado sin fe. No me atrevo a decir si realmente se puede encontrar aquí un momento de invalidez, porque al sacramento le faltaba una dimensión fundamental. Yo personalmente lo pensaba, pero los debates que tuvimos me hicieron comprender que el problema es muy difícil y que se debe profundizar aún más".[11]

En todo caso, cumplir con las formalidades para agradar a los demás no es suficiente para recibir el sacramento fecundamente.

Santo Tomás define el obstáculo de "falta de sinceridad"de esta manera:

> Simulador es el que manifiesta querer algo que en realidad no quiere. Ahora bien, quienquiera que se acerca al bautismo, por el hecho de acercarse, manifiesta que su fe en Cristo es sincera, que siente veneración por el sacramento, que quiere configurarse con la Iglesia y que quiere alejarse del pecado. Por tanto, cualquiera que sea el pecado al que el hombre desea permanecer ligado, si se acerca al bautismo, es un simulador, y se acerca a él sin devoción.[12]

En la vida real, la falta de sinceridad puede manifestarse de maneras muy drásticas. Rod Bennett, quien ingresó a la Iglesia con su esposa en 1996, nos relata su historia:

> En una ocasión un hombre se levantó durante la Mistagogia (una vez que ya había recibido los tres sacramentos de iniciación) y ¡les agradeció a los líderes por NO haberlo convertido! Con toda franqueza, él admitió que su novia había tenido la idea de que él se convirtiera sólo para poder casarse por la Iglesia y que gustosos, nosotros habíamos accedido a asignarle un padrino que prometió no molestarlo con cosas "católicas". Y continuó diciendo que durante los momentos en que se llevaban a cabo las discusiones grupales, "hablábamos de fútbol". El director del programa del Rito de Iniciación Cristiana (RICA) lo miraba con aprobación, ¡parecía satisfecho por haber podido ayudarlo!

Aunque algunos de nosotros hemos sido testigos de un nivel de candor que nos ha dejado boquiabiertos, la mayoría de los líderes que trabajan en la preparación sacramental y en los programas de RICA tienen que lidiar con conflictos entre las expectativas individuales y familiares y con la duda sobre si una persona está espiritualmente preparada para recibir *tanto* el sacramento como la gracia sacramental en cuestión. Existen dos máximas comunes que los líderes pastorales sugieren como soluciones en estas situaciones. Una es "El sacramento se encargará del problema" y la otra es "La Iglesia proveerá".

"El sacramento se encargará del problema"

Ralph Martin, director de los programas de postgrado en teología sobre la evangelización en el Seminario Mayor del Sagrado Corazón, con frecuencia se ha encontrado con la primera máxima al trabajar con católicos alrededor del mundo por más de cuarenta años:

> En las prácticas sacramentales contemporáneas, con frecuencia escuchamos que, aunque pareciera que existen serios vicios en la intención y preparación de la persona que se acerca a recibir el sacramento, "El sacramento se encargará del problema".[13]

Una amiga con experiencia como Directora de Educación Religiosa me decía que la gente en el ministerio casi nunca habla sobre los efectos de los sacramentos y que más bien tienden a *asumir* que los individuos reciben lo que se supone que el sacramento ofrece. Ella notaba una idea equivocada generalizada: "Si nosotros no logramos tocar a la gente cuando los preparamos para la recepción del sacramento, el propio sacramento lo hará". El mensaje es claro: las personas que trabajan en la formación para los sacramentos no tienen que preocuparse cuando no hay una señal obvia que indique que los adultos o adolescentes están preparados para recibirlos.

Karl Rahner escribió muy claramente sobre esta suposición pastoral:

> No debemos conformarnos casuísticamente con determinar la mínima disposición para los diferentes sacramentos y fomentar el prejuicio de que el sacramento suple lo que haga falta, o que lo hace si se recibe con una frecuencia máxima (Eucaristía, sacramento de Penitencia). No tiene sentido incrementar la frecuencia con la que se recibe un sacramento si no hay un crecimiento en la participación moral de la persona en el cumplimiento del sacramento, es decir, en su disposición.[14]

La convicción de que "el sacramento se encargará del problema" puede surgir de la confusión que se presenta por el hecho de que se utilizan dos significados de la palabra "fe" con relación a los sacramentos. Como lo he mencionado anteriormente, el Papa Juan Pablo II escribió sobre los cristianos bautizados que "todavía no tienen adhesión alguna explícita y personal a Jesucristo, sino solamente la *capacidad de creer* puesta en ellos por el bautismo y la presencia del Espíritu Santo".[15] El Papa reflexionaba sobre una distinción teológica que por lo general no se hace en el idioma inglés.

En inglés, con frecuencia se utiliza la palabra *fe* para denotar lo que se cubre por dos términos diferentes en latín. El primer término en latín es *virtus fidei*, que significa "la virtud de la fe", que es el poder o capacidad de creer pero *no* el acto de la fe misma. *Virtus fidei* es el tipo de fe al que se refería el Papa Juan Pablo II cuando escribió sobre la "capacidad para creer"que se ha colocado en nosotros en virtud del bautismo y que puede existir sin un apego personal a Jesucristo.

La Iglesia utiliza un término diferente, *actus fidei*, para describir el acto de fe explícito y personal que está en el corazón del discipulado:

> La tradición católica mantiene que la virtud de la fe se concede en el bautismo. Para que esta virtud se convierta en un acto personal de fe, debe activarse de manera libre, explícita y no obstante, mínima. Ese acto personal de fe, aunque sea mínimo y siempre bajo la gracia de Dios, transforma al ser humano de ser una persona que tiene la capacidad para ser un creyente en una que es creyente Ese acto de fe es el que se requiere para tener la intención sacramental necesaria.[16]

Para que un adolescente o adulto pueda recibir fecundamente un sacramento, la *virtus fidei*, es decir la "capacidad para creer" que se concede a un niño en el momento de su bautismo, debe convertirse en una *actus fidei*, o fe personal explícita.

La concepción de la Iglesia sobre la fe salvadora es que no se trata simplemente de la capacidad pasiva de la gracia, que es parte de la naturaleza humana. La fe real tampoco puede existir sin caridad. La aceptación intelectual de las doctrinas de la fe católica *por sí sola, sin caridad y sin buenas obras*, es lo que la Iglesia denomina *fides informis*; es una fe "muerta" que no salva (Santiago 2, 18-26). La fe verdadera —la fe de un discípulo— es fe que está permeada de esperanza y amor. Como dice San Pablo, "Ahora, pues, son válidas la fe, la esperanza y el amor; las tres, pero la mayor de estas tres es el amor" (1 Corintios 13, 13). Es esta fe viva la que describe el *Catecismo Católico de los Estados Unidos para los Adultos*:

> La fe es ante todo una adhesión personal [ ] a Dios; es al mismo tiempo e inseparablemente el asentimiento

libre a toda la verdad que Dios ha revelado (*CIC* 150). Una fe personal dice "Yo creo en Dios".[17]

"La Iglesia proveerá"

La segunda máxima, "La Iglesia proveerá" (*ecclesia supplet*) es cierta, pero *no* significa que la Iglesia "nos cubrirá" si no tenemos una fe genuina y una apertura espiritual a la gracia que se nos ofrece. *Ecclesia supplet* significa que la Iglesia, desde sus tesoros de gracia, *puede* compensar los errores sacramentales y litúrgicos de los sacerdotes que tienen la intención de hacer lo que la Iglesia pretende.[18] Pero la Iglesia nunca ha enseñado que Ella supliría automáticamente la respuesta de fe personal y la obediencia que solo tú y yo podemos dar.

¿Qué pasa si recibimos el sacramento sin una fe personal? El Padre Raniero Cantalamessa, el predicador de la Casa Pontificia, señala que cuando alguien recibe sin una disposición apropiada, la gracia de Dios puede estar "atada":

> La teología católica conoce la idea de sacramento válido y lícito, pero "atado". Se dice que un sacramento está "atado" si su fruto permanece vinculado, sin aprovechar, por falta de ciertas condiciones que impiden su eficacia.
>
> ¿Pero en qué consiste, en el bautismo, el *opus operantis*, es decir, la parte humana? ¡Consiste en la fe! "El que crea y se bautice, se salvará" (Marcos 16, 16).[19]

El Concilio de Trento contendió con la relación de la fe personal y la gracia en respuesta al desafío de los Reformadores Protestantes. Los capítulos 4 al 6 del *Decreto sobre la Justificación* describen en detalle el tipo de desarrollo espiritual que debe suceder para que un adulto reciba el bautismo fecundamente:

- Ser movido hacia la fe al escuchar la proclamación

básica de Jesucristo y sus obras de salvación
- Ser movido intencionalmente hacia Dios
- Creer en lo que Dios ha revelado, especialmente que Dios salva a los pecadores mediante la redención en Jesucristo
- Reconocer que es pecador
- Confiar en la misericordia de Dios
- Comenzar a amar a Dios y a confiar en Él
- Arrepentirse del pecado personal
- Decidir ser bautizado para comenzar una nueva vida y caminar en la obediencia de la fe[20]

Hay una palabra obvia que describe a alguien que ha vivido todo lo anterior: *discípulo*. Lo que los padres del concilio decían era que un adulto debe "tirar sus redes" y comenzar el camino del discipulado intencional para poder recibir el bautismo fecundamente.

La idea de que el discipulado es el mínimo necesario para el bautismo tiene perfecto sentido cuando contemplamos lo que nos preparamos para recibir como adultos:

> El fruto del Bautismo, o gracia bautismal, es una realidad rica que comprende: el perdón del pecado original y de todos los pecados personales; el nacimiento a la vida nueva, por la cual el hombre es hecho hijo adoptivo del Padre, miembro de Cristo, templo del Espíritu Santo. Por la acción misma del bautismo, el bautizado es incorporado a la Iglesia, Cuerpo de Cristo, y hecho partícipe del sacerdocio de Cristo (*CIC* 1279).

Gracia cooperante

Raissa y Jacques Maritain ingresaron a la Iglesia Católica en 1906, después de una larga batalla espiritual, ya que provenían de familias judías y protestantes. Después de su bautismo, los Maritain se convirtieron en catalizadores de un renacimiento intelectual y cultural en Francia entre las dos guerras mundiales. En su autobiografía "*We Have Been Friends Together*", Raissa describe la intensidad de su proceso de preparación para amar, servir y obedecer a Dios inmediatamente después de su bautismo:

> En una ocasión, durante esos meses, escuché en sueños estas palabras que se me dirigían con cierta impaciencia: "Tú siempre estás buscando lo que debes hacer. Solamente debes de amar a Dios y servirle con todo tu corazón". Luego, encontré estas palabras en la *Imitación*, mismas que no había leído hasta entonces
>
> Nuestro sufrimiento y aridez crecían todos los días. Finalmente comprendimos que Dios también estaba esperando y que no habría más luz mientras que no obedeciéramos la voz imperiosa de nuestra conciencia que nos decía: no tienen una objeción válida contra la Iglesia; Ella les promete la luz de la verdad — comprueben sus promesas, pongan a prueba el Bautismo.[21]

La Iglesia tiene un término excepcional, "gracia cooperante", para los procesos en los que nosotros elegimos nuestro destino espiritual cooperando libremente con la iniciativa de Dios. Dios nos da primero gracia "preveniente" que nos permite responder a su iniciativa hacia nosotros. Sin embargo, no estamos bajo ninguna presión; nosotros decidimos obedecer libremente. Y entonces, el Creador y Señor del universo increíblemente decide "cooperar" con nuestra decisión. Santo Tomás de Aquino, citando a San Agustín, lo explica de este modo:

> Está lo que dice San Agustín: "Dios perfecciona con

> su cooperación lo que inició en nosotros con su acción" (*De Gratia et Lib. Arbit. Xvii*).
>
> Se puede hablar de cooperación no sólo cuando un agente secundario colabora con el agente principal, sino también cuando se le ayuda a otro a alcanzar un fin que se ha propuesto. Mas con la gracia operante Dios ayuda al hombre a querer el bien. Y una vez adoptado este fin es cuando la gracia coopera con nosotros.[22]

Por supuesto, nuestra respuesta personal al momento de recibir el bautismo u otro sacramento es solamente el principio de una vida de respuesta en fe a la gracia de Dios. Si no buscamos intencionalmente continuar creciendo en nuestra fe, la gracia inicial que hemos recibido podría frustrarse. Como parte de nuestra libertad, tenemos —misteriosa y trágicamente— el poder de "frustrar" la gracia de Dios:

> El hecho de que en los bautizados se manifieste una mayor o menor gracia puede suceder por dos motivos. Primero, porque uno recibe en el bautismo más gracia que otro por su mayor devoción, como se ha dicho ya. Segundo, porque, aunque todos reciban la gracia en la misma medida, no todos hacen uso de ella del mismo modo, sino que el más diligente progresa más en la gracia, mientras que el más negligente no corresponde a ella.[23]

Aún en el caso de los niños pequeños, las gracias recibidas sin obstáculos por un niño en el bautismo deben desarrollarse y "florecer" en un crecimiento personal que ha sido elegido con libertad (*CIC* 1231). Los padres, padrinos y la comunidad cristiana en general juegan un papel muy importante en fomentar intencionalmente este desarrollo espiritual (*CIC* 1255), pero la decisión final debe hacerla la persona bautizada cuando llegue a la adolescencia o a la edad adulta. En virtud de lo anterior, la manera en la que ayudamos a los adolescentes y a los adultos a preparar sus corazones, mentes y almas para *recibir* la gracia de Dios fecundamente para luego cooperar con esa gracia durante toda su vida, es tan importante para la misión de la Iglesia como poner a su disposición las sacramentos.

FUENTE Y CUMBRE

En ocasiones me he preguntado si nuestra manera tan casual de hablar sobre la Eucaristía como la "fuente y cumbre de la vida cristiana"[24] se debe a que la mayoría de la gente que lo dice no vive cerca de alguna montaña *importante*. La ciudad en la que vivo, Colorado Springs, se encuentra ubicada al pie de la montaña más famosa de los Estados Unidos. Los lugareños saben que la canción "America the Beautiful" se escribió pensando en la vista desde la cima de 14,155 pies de altura conocida como Pike's Peak. También saben que el sendero Barr, ubicado en la cima, tiene la elevación más alta en todo el estado de Colorado, famoso por sus escabrosas alturas.

Es posible cargar a un niño hasta Pike's Peak, pero los adultos no llegan a la cumbre fácilmente, mucho menos de manera pasiva. Para hacerlo, deben pasar varias horas extenuantes recorriendo casi trece millas. Primero deben descender casi cinco mil pies a través del pie de la montaña, el bosque y luego las zonas de clima subalpino para luego escalar otros tres mil pies más allá del límite del bosque. Un adulto en buena condición física que está acostumbrado a la altitud puede subir por el sendero Barr en unas trece horas. Un hombre rápido en una condición física extraordinaria puede correr hasta la cumbre en un poco más de dos horas, pero solo si ha entrenado arduamente por meses y hasta años. Parte de la dificultad se debe al hecho de que el aire en la cima de Pike's Peak tiene 40% menos oxígeno que el aire al nivel del mar. Ni siquiera es fácil subir en auto a la cumbre, porque algunas partes del camino tienen curvas muy peligrosas con pendientes pronunciadas que no tienen barreras de seguridad. ¡Hablo por experiencia cuando digo que ni siquiera los pasajeros del coche se pueden relajar!

No creo que sea casualidad que la Iglesia utilice la metáfora de una *cumbre* para comunicar la importancia de la Eucaristía.[25] La Eucaristía se describe como la cumbre, el ápice y la cúspide de la vida cristiana porque contiene "todo el bien espiritual de la Iglesia, es decir, Cristo mismo, nuestra Pascua" (*CIC* 1324). Así como tenemos que escalar la cumbre de una montaña de manera activa, así tenemos que hacer nuestra travesía intencional, preparados apropiadamente para recibir la gracia inagotable que se encuentra en Cristo Sacramentado.

Esta es la razón por la que la Iglesia especifica que la liturgia "debe ser precedida por la evangelización, la fe y la conversión" (*CIC* 1072) para que los adultos puedan experimentar los frutos propios de la Misa. La Misa está diseñada para nutrir las vidas espirituales de aquellos que *ya* tomaron la decisión de seguir a Jesucristo hacia las montañas y entre los bosques de la fe personal y el discipulado.

> Mas, para asegurar esta plena eficacia, es necesario que los fieles se acerquen a la sagrada Liturgia con recta disposición de ánimo, pongan su alma en consonancia con su voz y colaboren con la gracia divina, para no recibirla en vano. Por esta razón, los pastores de almas deben vigilar para que en la acción litúrgica no sólo se observen las leyes relativas a la celebración válida y lícita, sino también para que los fieles participen en ella consciente, activa y fructuosamente.[26]

El principio general es que "*aquellos que buscan más del Señor, recibirán más del Señor*".[27] Es por esto que la Misa requiere "una participación más consciente, activa y fructuosa" de todos los presentes.[28]

Presentarse temblando con temor

Las consecuencias de recibir los sacramentos sin tener fe, o recibirlos en vano, no significan simplemente que no sucede nada y que por lo tanto "no recibimos las cosas buenas". Por el contrario, podemos causarnos un *daño* si recibimos en vano. La mayoría de los católicos practicantes están conscientes de que una manera en la que podemos dañarnos es recibir la Comunión cuando estamos en pecado mortal, lo que se considera un sacrilegio:

> Como la pasión de Cristo no produce su efecto en los que no se comportan con respecto a ella como deben, así tampoco por este sacramento consiguen la gloria los que le reciben indignamente. Por lo que San Agustín, comentando las palabras de Juan 6,49: "Una cosa es el sacramento y otra la virtud del sacramento. Muchos lo toman del altar, y comiéndolo mueren. Comed, pues, espiritualmente el pan celestial, llevad al altar vuestra inocencia". Por consiguiente, no hay que maravillarse si los que no conservan la inocencia, no consiguen el efecto de este sacramento.[29]

Sin embargo, para recibir fecundamente, es necesario estar en estado de gracia y además tener un "derecho" o una intención supernatural. Para beneficiarnos al recibir la comunión, nuestra intención debe de ser agradar a Dios, estar más unidos a Él, obtener un remedio para nuestra debilidad. En otras palabras, debemos tener de antemano una relación consciente y personal con Dios y un deseo de acercarnos más a Él. Para obtener la plenitud de los beneficios, también debemos estar libres de toda atadura al pecado.[30]

De hecho, *el descuido, la falta de preparación o la falta de agradecimiento también pueden ser dañinos.* El Papa Juan Pablo II, en su primera encíclica, escribió que "sin este constante y siempre renovado esfuerzo por la conversión, la participación en la Eucaristía estaría privada de su plena eficacia redentora" y hasta podría ser una pérdida espiritual.[31] El Padre William G. Most señalaba que recibir la comunión como si fuera una rutina, sin un cuidado especial, sin agradecer, puede causar una pérdida espiritual en lugar de una ganancia.[32]

Maurice De La Taille, S.J., resumió la enseñanza de la Iglesia en 1912 con un lenguaje que todavía resuena de manera poderosa con los católicos que están familiarizados con el libro de J.R.R. Tolkien, *El Señor de los Anillos.* Tolkien era un católico ferviente con una devoción especial por la Eucaristía. Imaginemos a Frodo y a Sam en su largo y extraordinario viaje por la Tierra Media y subiendo por el Monte del Destino, y luego leamos las palabras del Padre Taille: "*Los que son fieles en esta vida obtienen el fruto de la Misa como resultado de su búsqueda personal*".[33]

En el Siglo XXI, en los Estados Unidos todos conocemos el canto "*Let All Mortal Flesh Keep Silence*" y sabemos que es uno de los cantos navideños más antiguos. Es antiguo, pero no se trata solamente de un canto navideño. Este canto griego fue escrito hace diecisiete siglos para la devoción Eucarística como parte de la Liturgia de San Santiago. Te invito a leer la letra de este canto pensando en la Eucaristía (o mejor aún, en presencia de la Eucaristía):

> Que todos los mortales guarden silencio,
> que se presenten temblando con temor;
> que reflexionen de nada terrenal,
> porque con su bendición
> Cristo nuestro Dios desciende a la tierra

para exigir que le rindamos honor.
El Rey de reyes, nacido de María,
como dueño de la tierra se puso en pie,
Señor de Señores, en vestidura humana;
en el cuerpo y en la sangre;
Él les dará a todos los fieles
su propio ser como alimento celestial.

De un rango a otro las huestes celestiales
extienden su vanguardia en el camino,
mientras la Luz de luces desciende
desde los dominios del día sin fin;
los poderes del infierno desaparecen,
mientras que la oscuridad se disipa.

A sus pies los serafines de seis alas,
los querubines con ojos abiertos,
se cubren el rostro con su presencia
mientras claman con voz incansable:
¡Aleluya! ¡Aleluya!
¡Aleluya, Señor Altísimo!

Nada puede ser más erróneo que la pasividad con la que mucho de nosotros, incluyéndome a mí, recibimos la Eucaristía como si fuera una rutina.

La realidad espiritual que apenas comprendemos en este momento se nos revelará a plenitud al final de nuestros días. Cristo nos revelará la "disposición secreta" de nuestros corazones y nos retribuirá según nuestra "aceptación o rechazo de la gracia" (*CIC* 682).

Como la mayoría de los católicos bautizados ni siquiera asisten a Misa con regularidad, yo creo que podríamos cuestionar si la mayoría de los adultos católicos tienen la disposición interna hacia el discipulado, misma que es necesaria para que los sacramentos tengan el efecto previsto y produzcan su fruto. La gran mayoría de los católicos han recibido los sacramentos válidamente y han recibido el carácter; pero debemos preguntarnos si también han recibido, o si han recibido a plenitud, la "realidad interna".

Nuestro fracaso al evangelizar a la gente tiene implicaciones profundas en el destino eterno de cada persona y también en la misión de la Iglesia. La inmersión en la vida, muerte y misión de Cristo que está destinada para ocurrir en nuestro bautismo no es únicamente nuestra esperanza para recibir la salvación eterna; también es la fuente de todas las vocaciones eclesiales y seculares. La gracia del bautismo incluye a todos los bautizados en la labor sacerdotal, profética y real de Cristo, haciéndolos partícipes en la misión de todo el pueblo cristiano para bien de la humanidad. Todos los bautizados están llamados a ser "ungidos", pequeños "Cristos" que comparten la misma misión de Jesucristo como "sacerdotes" y templos del Espíritu Santo. No es casualidad que Jesús hable del discipulado como algo que antecede al bautismo, en lo que muchos cristianos denominan: "El Gran Mandato":

> Vayan, pues, y hagan que todos los pueblos sean mis *discípulos*. Bautícenlos en el Nombre del Padre y del Hijo y del Espíritu Santo, y enséñenles a cumplir todo lo que yo les he encomendado a ustedes. Yo estoy con ustedes todos los días hasta el fin de la historia (Mateo 28, 19-20).

Buscar la renovación

Aunque no hayamos estado preparados para recibirlos fecundamente cuando se nos otorgaron, las gracias derramadas sobre nosotros en nuestro bautismo, confirmación y orden sacerdotal no están perdidas. Los sacramentos que conceden un carácter pueden ser "reavivados" cuando quien los recibió alcanza una fe personal, se arrepiente y decide seguir a Jesucristo como discípulo en medio de la Iglesia. Este es el "secreto" que se esconde detrás del gran impacto que los retiros de evangelización como Cursillos, Talleres "Cristo Renueva Su Parroquia" y Seminarios de Vida en el Espíritu han tenido en la vida de millones de católicos durante los últimos setenta años. En nuestros viajes, hemos conocido a miles de católicos cuya fe, vida y prioridades han sido transformadas cuando respondieron a un llamado explícito al discipulado.

> Renovar la iniciación cristiana en los adultos —reactivar el Bautismo, consiste en esto: finalmente el hombre contribuye su parte— concretamente, toma una decisión de fe, preparado en el arrepentimiento que permite que la obra de Dios se libere y emane toda su fuerza El regalo de Dios finalmente se "desata" y el Espíritu puede fluir como fragancia en la vida del cristiano.[34]

Los católicos con frecuencia comienzan a ponerse nerviosos en este momento, y se sienten preocupados de que cualquier plática sobre conversión o disposición inevitablemente llevará a una "inquisición" espiritual en la que el "convertido" ávidamente espera el juicio de los demás. Sin embargo, dichos juicios son completamente infundados. Jesús nos dice que no debemos de juzgar por la sencilla razón de que *no sabemos* lo que sucede en el corazón de nuestro prójimo. Tú y yo no tenemos derecho de juzgar la disposición interna de alguien más, así como tampoco podemos ver cómo sucede la justificación en el alma de una persona.

Esto *no* significa que los frutos de la fe personal no se pueden percibir desde fuera. Y ciertamente no significa que la falta generalizada de estos frutos en la comunidad no pueda reconocerse y enfrentarse. Tampoco significa que no deberíamos hablar sobre esta realidad y estructurar nuestras prioridades y prácticas pastorales para hacer todo lo posible por fomentar una disposición positiva y los frutos que emanan de ella.

Al invitar a los católicos a reflexionar sobre el discipulado y la fe intencionales, nuestro objetivo no es crear una comunidad de elitistas espirituales. Lo que buscamos es crear una *cultura espiritual que reconozca, honre y hable abiertamente de las dimensiones, interna y externa, de los sacramentos y la liturgia.* El Señor que dijo: "Mi Padre es glorificado cuando ustedes producen abundantes frutos, entonces pasan a ser discípulos míos" (Juan 15, 8) nos exhorta a crear una comunidad que promueva el discipulado, que anime a todos los bautizados a producir fruto y que esté estructurada para ayudar a todos los bautizados a estar abiertos para recibir la plenitud de las gracias de Dios. Nuestro objetivo debe ser ayudar a cualquiera que esté dispuesto para que pueda desarrollar una disposición interna positiva que lo lleve a hacer la voluntad de Dios que resulte en frutos abundantes para el beneficio de la Iglesia y del mundo entero.

Con lo que ahora sabemos sobre el estado actual del discipulado y sobre el empobrecimiento de la fe sacramental, la pregunta es: ¿Ahora qué? ¿Cómo podemos cambiar esta situación? ¿Cómo podemos llamar de manera intencional al pueblo postmoderno a seguir a Jesús, el corazón de la disposición positiva, en medio de la Iglesia? ¿Cómo podemos ayudar deliberada y eficazmente a los católicos ordinarios en nuestras parroquias a comenzar la travesía hacia el discipulado intencional?

CAPÍTULO 5

Los umbrales de la conversión: ¿Puedo confiar en ti?

Peter Parker: Si tú no confías en nadie, ese es tu problema.
J. Jonah Jameson: Confío en mi peluquero.

"Spider-Man"

Por dónde debemos empezar cuando deseamos convertir en discípulos a los católicos que no han sido evangelizados? Primero que nada, tenemos que deshacernos de una creencia generalizada. Con la mayoría de las personas en el siglo XXI, no podemos *comenzar* con la catequesis (aunque siempre hay excepciones). Todavía no están listos para recibir catequesis. Si no están preparados para la catequesis, esta no tendrá ningún efecto en su vida. En todo caso, el propósito de la catequesis es propiciar la madurez de los discípulos, no la conversión inicial de aquellas personas que aún no son discípulos:

> La finalidad de la catequesis... es la de ser un período de enseñanza y de madurez, es decir, el tiempo en que el cristiano, habiendo aceptado por la fe la persona de Jesucristo como el solo Señor y habiéndole prestado una adhesión global con la sincera conversión del corazón, se esfuerza por conocer mejor a ese Jesús en cuyas manos se ha puesto.[1]

El *Directorio Nacional para la Catequesis* plantea dos pasos cruciales que deben anteceder a la catequesis: la pre-evangelización y la proclamación inicial del *kerigma* básico, o la Gran Historia de Jesucristo[2]. Ambas son necesarias para avivar la fe cristiana inicial y, tal y como hemos visto, la fe cristiana es necesaria para que la catequesis produzca frutos.

La práctica pastoral católica tiene pocas estructuras para estas dos etapas preliminares. Por lo general, suponemos que la pre-evangelización y la proclamación inicial suceden automáticamente durante la catequesis básica. Los hechos indican que aunque fuera cierto que en algún momento la evangelización sucedía de esa manera, ya no funciona así en la actualidad. Los católicos catequizados no son necesariamente católicos evangelizados.

He escuchado a cientos de católicos lamentarse por el fracaso de la catequesis desde el Concilio Vaticano II. Con frecuencia nos preguntamos si nuestros problemas terminarían si tan solo pudiéramos comunicar al pueblo los conceptos y los hechos de la fe con suficiente exactitud. Es posible que las fallas en la catequesis hayan sido un factor importante en los años sesenta, pero ya estamos en la segunda generación después del Concilio. La situación en el occidente va más allá de las fallas en la catequesis.

En la actualidad, ya no podemos asumir nada sobre las creencias de una persona ni sobre su experiencia espiritual, ni siquiera cuando se trata de un católico bautizado que asistió a la doctrina del catecismo o recibió una educación católica. La catequesis sigue siendo muy importante, sobre todo para aquellos que se encuentran a punto de iniciar su discipulado y justo después de haberlo iniciado, pero *no como un punto de partida* para evangelizar en el Siglo XXI.

En la década de los años noventa, un ministro cristiano de una universidad llamado Doug Schaupp pasaba por un problema similar. Él y su equipo en la Universidad de California se dieron cuenta de que los "alumnos no estaban respondiendo como lo hacían antes. Compartir la verdad del Evangelio de Jesús ya no movía a la gente. Nuestra labor evangelizadora resonaba cada vez menos y producía menos frutos".[3]

Durante el ciclo escolar 1997–1998, treinta y siete alumnos pasaron por experiencias de conversión. El equipo de Schaupp respondió haciendo algo fuera de lo común. Les pidieron a estos alumnos que describieran sus travesías espirituales:

> Al final del ciclo, entrevistamos a la mayoría de estos 37 alumnos para averiguar qué tipo de dinámica interna y externa les ayudó a llegar al Reino de Dios. Lo que descubrimos fue que todos ellos pasaron por las mismas etapas de crecimiento y transformación, aunque obviamente, a cada alumno le tomó diferentes períodos de tiempo para pasar de una etapa a la otra.[4]

Lo que averiguaron fue asombroso. Primero, Schaupp y sus colaboradores descubrieron que los treinta y siete alumnos pasaron por una serie de umbrales o etapas de conversión (cinco en total), que culminaban en un compromiso para seguir a Jesús como discípulos. Cada transición hacia un umbral nuevo era una verdadera obra de la gracia, fortalecida por el Espíritu Santo; sin embargo cada umbral también requería energía espiritual real y que la persona tomara decisiones reales. La conversión de estos jóvenes no "sucedía de la noche a la mañana"; este proceso requería un compromiso que exigía tomar decisiones cada vez más profundas. Después de pasar 10 años acompañando a otros 2,000 alumnos en su camino hacia el discipulado, Schaupp escribió un libro sobre sus hallazgos junto con Don Everts.[5]

Lo que "descubrieron" era tan antiguo y perenne como el camino recorrido por el ciego en Juan 9, 1-38, quien pasó por una serie de etapas para comprometerse plenamente con Jesús. Cuando fue cuestionado, primero habló de "ese hombre al que llaman Jesús" (v. 11). Luego, describió a Jesús como un profeta (v. 17). Luego lo reconoció como alguien que viene "de Dios" (v. 33). Finalmente, lo llamó "Señor" y "se arrodilló ante Él" (v. 38).

Los cinco umbrales de la conversión

Cuando leí el borrador del escrito inicial de Schaupp sobre los umbrales hace once años, inmediatamente sentí que había un lenguaje que describía algo que casi todas las personas que participan en el ministerio pastoral han enfrentado. Todos conocemos a católicos que tienen anhelos espirituales genuinos —católicos en los que el Espíritu Santo está obrando— pero que todavía no son discípulos ni están cercanos a serlo. Escuchar sobre las travesías espirituales de la gente a la luz de estos umbrales o etapas de conversión nos permite respetar la primera realidad mientras que lidiamos con la segunda. Recordemos que los umbrales se enfocan en la relación de la persona con Dios, en lugar de enfocarse en el estatus bautismal o en el conocimiento sobre la fe. Una de las cosas más fascinantes que se pueden aprender al escuchar esto es que algunos católicos bautizados y catequizados ni siquiera han llegado a tener confianza (el primer umbral), mientras que algunos de los que no han sido bautizados van mucho más avanzados en este aspecto. Es probable que algunos de ellos hasta sean discípulos intencionales sin haber sido bautizados.

Ahora nuestro lema es "Nunca aceptes una etiqueta en lugar de una historia". Para algunos, las etiquetas espirituales como "católico" y "agnóstico" tienen la misma probabilidad de esconder una realidad como de revelarla. No hay manera de conocer lo que ha sido el recorrido espiritual de una persona hasta que nos ganemos el derecho de oír su historia y le escuchemos cuidadosamente y en oración.

Veamos brevemente estos cinco umbrales y analicemos el primero de ellos con más detalle. (Hemos adaptado un poco el lenguaje para que encaje mejor con un contexto católico):

1. **Confianza inicial:** Una persona es capaz de *confiar* o relaciona de manera positiva a Jesucristo, la Iglesia, un creyente cristiano o algo identificable como cristiano. La confianza no equivale a tener una fe personal activa. Si no existe un puente de confianza, la gente no se acercará a Dios.
2. **Curiosidad espiritual:** Una persona se siente *intrigada* y desea conocer más sobre Jesús, su vida y sus enseñanzas o algún otro aspecto de la fe cristiana. Esta curiosidad puede variar desde la conciencia sobre una nueva posibilidad hasta algo bastante intenso. No obstante, una persona en el umbral de la curiosidad todavía no está abierta a un cambio personal. La curiosidad todavía es pasiva básicamente, pero es más que una simple confianza.
3. **Apertura espiritual:** Una persona reconoce ante sí misma y ante Dios que está abierta a la *posibilidad* de un cambio personal y espiritual. Esta es una de las transiciones más difíciles para un no creyente. La apertura no es un compromiso para cambiar. La gente que está dispuesta simplemente está

admitiendo que está *abierta a la posibilidad* de un cambio.

4. **Búsqueda espiritual:** La persona pasa de un estado pasivo a una búsqueda activa para conocer al Dios que le está llamando. Es como "un noviazgo serio", pero todavía no es un matrimonio. La persona que busca se pregunta: "¿Eres tú al que me voy a entregar?". En esta etapa, la persona se encuentra en una búsqueda espiritual urgente, tratando de descubrir si puede comprometerse con Cristo en medio de su Iglesia.
5. **Discipulado intencional:** Esta es la decisión de "soltar las redes", de hacer un compromiso consciente para seguir a Jesús en medio de su Iglesia como un discípulo obediente y para reorganizar nuestra vida en consecuencia.

Dentro y Fuera

Es importante que los católicos comprometidos, sobre todo aquellos que lo han sido toda la vida, recuerden que un umbral puede parecer diferente para las personas que ya están dentro de la Iglesia que para alguien que viene de fuera. Como evangelizadores, debemos hacer un esfuerzo por ver a Cristo, la fe y la Iglesia desde la perspectiva de aquellos que vienen de fuera. El mismo umbral puede parecerles abrumador, mientras que para nosotros puede parecer muy simple y obvio.

Es importante notar que hemos descubierto que las personas que ya son discípulos en otra tradición cristiana por lo general pasan por las mismas etapas al contemplar la posibilidad de unirse a la Iglesia Católica. Sin duda esta fue mi experiencia cuando analizaba la posibilidad de entrar a la Iglesia. Me educaron para ser una fundamentalista anti-católica, y para mí, pensar en convertirme al catolicismo era como pensar en convertirme en marciana.

Cuando asistí a mi primera reunión del Rito de Iniciación Cristiana (RICA), traje conmigo un libro grande sobre el catolicismo. En ese entonces, yo no tenía ni idea sobre las disputas internas de la Iglesia Católica, y creía que todos los libros sobre catolicismo venían de la misma perspectiva. Puse mi libro bajo mi silla de metal y esperé a que iniciara la clase. Un miembro del equipo de RICA se sentó junto a mí, echó un vistazo al título de mi libro y me dijo: "Yo te entiendo".

"¿Qué?" Yo estaba completamente desconcertada. "Ni siquiera *yo* me entiendo. ¿Cómo puedes entenderme *tú*?".

Ese fue mi primer indicio de que hay ciertos misterios sobre ser católico que no están incluidos en el *Catecismo*.

Es un misterio

No existe una manera estándar para franquear el camino hacia el discipulado. La gente se mueve a ritmos diferentes. En ambientes de retiros intensos, algunas personas pueden pasar por varios umbrales en cuestión de días. Otros pueden quedarse atrapados en un mismo lugar por años o rebotar de un lado a otro entre diferentes umbrales. Puede haber grandes saltos hacia adelante así como retrocesos hacia umbrales anteriores.

Lo que debemos recordar es que nosotros no estamos en control de este proceso. Algunas personas no responden a nuestros mejores esfuerzos por ayudarles. Jesús nos advirtió que algunos no recibirán la "semilla" (Marcos 4, 14-19). Otros pueden sorprendernos al cooperar con la gracia y convertirse en la tierra fértil que da fruto: unos el treinta por uno, otros el sesenta y otros el ciento. Estamos frente al misterio de una relación que el propio Dios inicia en el corazón humano.

Quiero enfatizar que *nosotros* no podemos traer a nadie a la fe utilizando presión, culpa, argumentos o ingenio. La conversión y la fe verdadera son obras del Espíritu Santo.

También es cierto que podemos, mediante nuestras respuestas, ayudar u obstaculizar el camino de otros. Si respondemos a una persona que se encuentra en una etapa de búsqueda en un modo que no acepte o reconozca su experiencia, podemos hacer que se "congele" o que se aleje de Dios. Comprender los umbrales puede ayudarnos a ayudarles o, por lo menos, puede ayudarnos a no obstaculizar la obra de Dios.

El primer umbral: La confianza

¿Qué queremos decir con "*confianza*" en este contexto?

El umbral de la confianza no es lo mismo que la fe personal activa. La *confianza*, en este caso, se refiere a una confianza básica hacia algo o alguien relacionado con Cristo o la Iglesia. Esto puede variar ampliamente.

Un amigo muy querido, que creció en un hogar nada religioso, de alguna manera llegó a la conclusión de que la Navidad no era Navidad si no oía a Linus recitar la historia del Nacimiento del Evangelio de Lucas en la película de dibujos animados "*La Navidad de Charlie Brown*". Mi amigo confiaba en la bondad de esa historia, aunque nunca aprendió nada más sobre el cristianismo por muchos años. Una película infantil fue su puente de confianza inicial.

Tengo otra amiga cercana que vive en el Golfo Pérsico, habla árabe con fluidez y con frecuencia visita lugares que muy pocas mujeres del occidente tienen la oportunidad de visitar. Ella ha vivido en un contexto musulmán durante más de veinticinco años siendo un testigo vivo de Jesús y de su Reino. Ella ha hecho amistad con una musulmana sudanesa que tuvo una experiencia muy positiva estudiando en una escuela católica para niñas. Esa experiencia fue el puente de confianza para esta mujer musulmana; fue lo que hizo que pudiera abrirse a confiar en una cristiana de occidente, como mi amiga.

La primera tarea de la evangelización es descubrir si ya

existe un puente de confianza. ¿Tu amigo, colega o familiar *confía* o relaciona de manera positiva a Jesucristo, la Iglesia, algún creyente o alguna cosa cristiana? Si esta confianza no existe todavía, nuestra primera tarea como evangelizadores es ayudarles a construir ese puente.

Esto es particularmente importante ahora que es tan normal tener una desconfianza fundamental hacia la cristiandad en general y hacia la Iglesia Católica en particular. Después de una década de escándalos,los católicos debemos trabajar arduamente por generar confianza, en algunas partes del país y en algunas situaciones más que en otras. En los lugares y situaciones en los que la confianza ha sido violada severamente, puede ser difícil recuperarla. Aunque los medios de comunicación católicos pueden ayudar en esta tarea, debemos recuperar esa confianza mediante nuestras relaciones; con integridad, compasión, calidez y gozo en nuestras propias vidas. Ni los mejores medios de comunicación católicos tienen el impacto que tiene un testigo personal.

La mayoría de los católicos activos están por lo menos en el umbral de la confianza. Muchos católicos no practicantes y "antiguos" católicos no cuentan con un puente de confianza, lo que les permitiría encontrar el camino de regreso a la Iglesia. Cuando trabajemos para recuperar la confianza o para crearla por primera vez, debemos orar y trabajar para evitar las reacciones naturales de desconfianza que pueden lanzarse hacia nosotros. Debemos evitar ser defensivos, sentirnos como "víctimas" o juzgar a aquellos que no confían en nosotros.

La confianza puede ser algo complicado

La gran mayoría de los católicos que asisten a Misa con regularidad tienen una confianza básica, sin embargo, ¿en quién o en qué confían? Lo que los cristianos activos confían y desconfían podría sorprenderte.

En una ocasión realicé una entrevista de discernimiento de dones con un hombre que era uno de los pilares de su parroquia. Este hombre era el líder del ministerio juvenil y participaba de manera activa en estudios de apologética en línea. En todos los sentidos él era lo que consideramos un "católico activo". Era un hombre cálido y agradable a quien le brillaban los ojos cuando hablaba sobre sus hijos y su familia. Sin embargo, cuando le pedí que describiera su relación con Dios, su estado de ánimo cambió tan drásticamente que yo hasta lo percibí como un golpe. Todo su cuerpo se volvió rígido y, frunciendo el ceño me dijo, "Yo creo que Dios es un ser horrible y destructor. Si yo no le pido nada en esta vida, quizás me deje pasar a final de cuentas". Cuando me recuperé tras su respuesta, le pregunté por qué tomaba clases de apologética por Internet si pensaba de esa manera. Él respondió, "Bueno, es que yo confío en la Iglesia, pero no confío en Dios".

Aunque él lidiaba con una imagen mental y emocional sobre Dios que estaba radicalmente errónea, este hombre confiaba en la gente de la Iglesia y por eso permanecía en ella: existía un puente de confianza. Por otro lado, cuando les he contado esta misma historia a muchas personas, la mayoría me dice: "A mí me sucede lo contrario, yo confío en Dios, pero no confío en la Iglesia". La desconfianza se puede manifestar de maneras sorprendentes. Durante una de nuestras conferencias, conocí a una mujer católica que tenía una profunda devoción a la Virgen María, pero no confiaba en ninguno de los miembros de la Santísima Trinidad ni en la Iglesia.

Muchos no confían en Dios ni en la Iglesia, pero confían en una persona cristiana. Quizás confían en ti. Tú puedes ser el puente que un día los llevará a un encuentro con Cristo que cambiará sus vidas.

Para alguien que se encuentra en este umbral, es mucho más importante que la confianza exista a que tenga sentido teológico. Nuestra misión en este punto es afirmar, fortalecer y, de ser posible, ampliar su nivel de confianza.

Nunca podremos evangelizar lo que no amamos

Como todos sabemos, la mayoría de los católicos de la Generación X y de la Generación Milenio no asisten a Misa. Como ellos no vienen hacia nosotros, somos nosotros los que debemos ir hacia ellos. Pero, ¿cómo podemos hacerlo?

> Para el clero, es más fácil ser pastores que a ser pescadores de hombres; esto es, es más sencillo nutrir a la gente que viene a la Iglesia que llevar personas nuevas a la Iglesia, o repescar a los que se han alejado y viven al margen de ella. Actualmente, la parábola del buen pastor funciona a la inversa: noventa y nueve ovejas se han alejado y una permanece en el rebaño. El peligro es utilizar todo nuestro tiempo cuidando a la oveja que nos queda y no tener tiempo (también debido a la escasez de sacerdotes) para buscar a las que se han perdido. En esta situación, la contribución del laicado es providencial.[6]

Hace algunos años, un católico extremadamente inteligente de veinticinco años con un gran amor por la liturgia tradicional *y* apasionado por la evangelización me hizo ver un problema muy real. Me dijo: "Mi generación de católicos no está preparada para evangelizar a mi propia generación, ¿cierto?". Hay una gran brecha entre las sensibilidades y puntos de vista de la mayoría de los católicos jóvenes y las del resto de su generación— el 80% de los miembros de la generación Milenio están alejados de la Iglesia. En el 2022, hay una brecha aún más grande entre los católicos mayores de la Generación Z que van a Misa por lo menos una vez al mes o más (aproximadamente 5 por ciento) y el resto de su generación. Scott McKnight escribió lo siguiente en la publicación *Leadership Journal*: Muchas personas que entran a la edad adulta han sido criadas en un mundo muy diferente a la cultura del amor propio. Algunos gravitan hacia la percepción Agustina del ser y sus contemporáneos les parecen irritantes.[7]

Como lo dijo en una ocasión un joven católico:

> Tengo veintitrés años, y no puedo decir que soy inmune a las idioteces desenfrenadas de mi generación. Quizás esto explique la razón por la que creo que muchos de los jóvenes de mi edad son ilógicos e irritantes en lo que se refiere a asuntos morales. Es como si habláramos lenguajes completamente diferentes.[8]

Cada generación es responsable de la evangelización de sus contemporáneos. Pero no se puede generar confianza si los evangelizadores ven a las personas no evangelizadas con miedo y desprecio. El Cardenal de Chicago, Francis George, resumió nuestro dilema hace varios años de manera brillante: "Nunca podremos evangelizar lo que no amamos".

Cuando escucho a personas católicas hablar con alegría sobre ciertos grupos de católicos (cuyas preferencias teológicas o litúrgicas no les agradan) que dejan la Iglesia, me doy cuenta de que realmente no comprendemos lo que está en riesgo. No podemos haber comprendido la naturaleza de los seres inmortales que tan despreocupadamente deseamos que dejen la plenitud de los medios de gracia. Debemos reconocer que es una profunda desobediencia que nosotros deseemos, en nombre de la pureza, que pase lo que Jesús mismo suplicó con gran intensidad que nunca sucediera: que se pierda uno de los que el Padre le había encomendado (ver Juan 17, 11-19).

Antes de convertirse en Papa, el Cardenal Joseph Ratzinger

habló de la posibilidad de una Iglesia Católica más pequeña:

> Posiblemente estemos ante una nueva época de la historia de la Iglesia muy diferente, en la que volvamos a ver una cristiandad semejante a aquel grano de mostaza, que ya está surgiendo en grupos pequeños, aparentemente poco significativos, pero que gastan su vida en luchar intensamente contra el Mal, y en tratar de devolver el Bien al mundo; están dando entrada a Dios en el mundo.[9]

El Papa Benedicto XVI estaba simplemente interpretando los signos de los tiempos, reconociendo que debemos volver a la cristiandad original. El Papa sabe que la Iglesia debe buscar de nuevo, como lo ha hecho en el pasado, no las instituciones ni el favor de la sociedad, sino el poder del Espíritu Santo, la obra redentora de Cristo, la verdad de la fe apostólica, la profunda fe personal de su pueblo, la oración y la intercesión de la comunión de los santos. También debe buscar los carismas, las vocaciones, los santos, la creatividad cultural y las obras poderosas que despierten esa fe, la fe que dio origen a las estructuras y culturas de la cristiandad occidental.

Nunca debemos de dejar de orar, anhelar y trabajar para que cada hombre y mujer encuentre a Cristo en medio de su Iglesia. No podemos aceptar, cooperar y mucho menos alegrarnos cuando está en juego la felicidad eterna de millones de personas que han sido redimidas por el sacrificio de Cristo y que han sido bautizadas en Su nombre.

La evangelización no se trata de nosotros. Se trata de Jesucristo, el Buen Pastor, quien busca a las ovejas perdidas a través de nosotros. Cuando olvidamos eso, podemos alejar e incluso perder a aquellos que Dios nos ha llamado a traer a Jesús. Sara Silberger, que creció siendo una "ninguna", nos describe claramente cómo percibía ella las tensiones entre generaciones en el equipo del Rito de Iniciación Cristiana (RICA) cuando apenas comenzaba a asistir las clases de iniciación:

> Los "antiguos hippies" les decían a los candidatos que era terrible cuando todos tenían que hablar en latín; luego, los jóvenes les decían que los antiguos hippies habían arruinado toda la música. Me hubiera gustado explicarles lo desconcertante y ridículo que todo esto me parecía desde fuera y como la mayoría de lo que decían no tenía sentido para alguien como yo, que nunca había estado expuesta a todas estas cosas".[10]

Paul Wallace tuvo una experiencia muy diferente y describe el poder transformador de la clase de amor que crea confianza y que cambió su vida:

> Yo no soy cristiano porque "tiene sentido serlo" ni porque alguien me lo sugirió. Yo soy cristiano porque los cristianos me han amado de manera profunda e incondicional. Algunos de ellos me agobiaban con preguntas. Pero todos ellos me amaban cuando yo todavía no los amaba La razón es una herramienta muy poderosa, pero es un arma débil cuando se trata de cambiar profundamente a un ser humano. La fe, la esperanza y el amor no son herramientas; son virtudes, difíciles de encarnar pero mucho más eficaces para cambiar vidas que la razón.[11]

Ahora analicemos el segundo umbral: la curiosidad.

CAPÍTULO 6

El segundo umbral: La curiosidad

¡Curioso y más que curioso!

Alicia en el País de las Maravillas

Una vez que la persona ya tiene un puente de confianza, nuestra labor como evangelizadores es ayudarle a llegar al umbral espiritual de la *curiosidad*. La curiosidad espiritual puede variar ampliamente, al igual que la forma en la que esta actúa en las vidas de las personas. Una persona puede sentir curiosidad sobre la tradición filosófica de la Iglesia, mientras que otra quizás se siente intrigada por la paz espiritual de su novio católico y una tercera puede sentirse conmovida misteriosamente por el rosario que encontró entre las pertenencias de su abuela. Todos estos pequeños encuentros con la gracia pueden ser el comienzo del camino hacia el corazón de la fe católica.

La primera y más obvia pregunta que debemos de hacernos es: "¿Curiosidad sobre qué?". La respuesta es que, si nuestra misión es hacer discípulos de Jesucristo, nuestra tarea en esta etapa del camino es despertar curiosidad sobre *Jesucristo*. Para hacerlo, debemos *hablar sobre Él*.

Hablar de Jesús no es nada fácil

Como hemos visto hasta ahora, es difícil pensar en algo de lo que nadie no nos ha hablado. He participado en muchas conversaciones sobre la incomodidad de los católicos para utilizar el nombre de Jesús. Hablamos sin cesar sobre la Iglesia, pero casi nunca hablamos sobre Cristo como una persona con la que mantenemos una relación. Hay pocas cosas que causan tanto miedo a sonar "protestante" como mencionar "el Nombre". Un amigo muy ingenioso resume esta dinámica de manera memorable: Jesús es "El que no debe ser nombrado".

El Padre Gregory Jensen es un sacerdote ortodoxo que ha experimentado las mismas dificultades en la comunidad ortodoxa:

> Entre más leo las discusiones en Internet, entre más sigo los debates y los desacuerdos en la Iglesia sobre la unidad administrativa, o las preocupaciones sobre las fallas morales, personales, administrativas o de liderazgo de los obispos o del clero, más me convenzo de que TODO es simplemente una distracción. No, es más que eso. Es una justificación, una excusa para no ayudarnos a nosotros mismos y a aquellos fuera de la Iglesia a amar más a Jesucristo. Qué sencillo es hablar de cualquier cosa, sin embargo, hablar de Jesús no es nada fácil.[1]

Existen otras maneras por las que podemos distanciarnos de la persona de Jesús. En una ocasión ayudé a diseñar un programa de RICA con un grupo de amigos. Pensamos que sería valioso y divertido permitir que el grupo encontrara a Jesús directamente al leer juntos el Evangelio de Lucas. El director de educación religiosa con el que estábamos trabajando no estuvo de acuerdo y nos dijo que éramos "demasiado Cristocéntricos". Con el tiempo nos quedó claro que para él era más fácil lidiar con Jesucristo como un "tema" del catolicismo. Jesús, la Trinidad, la Iglesia, las Escrituras, María, la Liturgia, los Sacramentos, el Credo, la justicia social, etc., eran temas que se presentaban bajo el título de "Cosas que creen los católicos".

Cuando tratamos a Jesús como un "tema" que forma parte de la fe, en lugar de pensar en Él como "todo el bien espiritual de la Iglesia" (*CIC* 1324), o cuando lo consideramos una "creencia" en lugar de admitir que es nuestro Señor, Cabeza, Esposo, Salvador y Hermano Mayor, estamos distorsionando profundamente la fe y comunicando una idea impersonal o institucional de lo que significa ser católico. Esto es lo que la Iglesia enseña: No hay evangelización verdadera mientras no se anuncie el nombre, la doctrina, la vida, las promesas, el reino, el misterio de Jesús de Nazaret Hijo de Dios.[2]

Una directora de RICA resumió su misión de esta manera: "Mi trabajo durante el período de pre-catecumenado es ayudar a la gente a enamorarse de Jesús. Mi trabajo en el catecumenado es ayudar a la gente a enamorarse de la Iglesia".

También debemos de hablar sobre Jesús porque no podemos asumir que los católicos tienen un conocimiento sólido sobre su vida, muerte y resurrección. Por ejemplo, un estudio realizado en el 2010 por el Grupo Barna sobre lo que piensan los estadounidenses sobre la Pascua reveló que aunque la mayoría de los católicos creían que la Pascua era una celebración religiosa (65%), solamente el 37% dijo que la Resurrección era el verdadero significado de esta fiesta.[3] Esto es particularmente alarmante ya que la Pascua es la mayor fiesta del calendario litúrgico de la Iglesia Católica y uno de los dos días del año en los que más gente asiste a Misa (68%).[4] En contraste, fueron más los protestantes encuestados los que contestaron que la Pascua era una celebración religiosa (78%) y que estaba relacionada con la resurrección de Jesús (51%).

Los antiguos católicos y los no creyentes que desprecian el cristianismo con frecuencia saben muy poco sobre Jesús, y lo poco que saben podría estar equivocado. Por lo tanto, es posible que no estén preparados para la sorpresa al conocerlo. El umbral de la curiosidad es un momento perfecto para explorar la posibilidad de que existe un Dios personal y de que es posible tener una relación personal con ese Dios. Es de vital importancia que ayudemos a la gente a lidiar con este primer asunto de un Dios personal. *Los que no creen en Él ni en la posibilidad de una relación con ese Dios nunca serán capaces de ir más allá del umbral de la curiosidad.*

En esta etapa, las personas necesitan una manera segura para expresar su curiosidad sin que nosotros los presionemos. Es importante que seamos cuidadosos. Es fácil responder a una duda simple con una enciclopedia de información. Es muy importante responder de acuerdo al nivel de curiosidad de tu amigo o familiar, y luego esperar a que vuelva a sentir curiosidad.

La pedagogía de la curiosidad

La curiosidad tiene tres etapas básicas:

1. **Conciencia:** Este es el momento en el que la gente se concientiza de que hay otras posibilidades en la vida que ellos ni siquiera han imaginado o experimentado. Una de esas posibilidades podría ser "Yo puedo tener una relación personal con un

Dios que me ama".

2. **Involucramiento:** Este es el momento en el que la persona curiosa actúa siguiendo esta curiosidad. Por ejemplo, hace amistad con un cristiano, lee sobre Jesús, etc.
3. **Intercambio:** El converso comienza a experimentar una intensa curiosidad. Deja de ser un simple oyente y un examinador de la fe cristiana para convertirse alguien quien activamente hace preguntas e intercambia ideas.[5]

Una de las mejores maneras para despertar la curiosidad es hacer preguntas, no contestarlas. La experiencia católica puede dificultar esto. La cultura católica anglohablante se ha modelado profundamente durante siglos para ser una minoría religiosa incomprendida en medio de un mundo protestante y hostil. En un ambiente lleno de anti-catolicismo, los católicos naturalmente se sentían a la defensiva y era muy común que se ofrecieran clases de apologética en las preparatorias y universidades católicas. Uno tenía que estar listo para defender a la Iglesia y de ser capaz de explicar las enseñanzas católicas y tratar de corregir los malos entendidos de sus amigos no católicos.

Mi mejor amiga, Janet, cuenta una de las historias reales más graciosas que he oído. Cuando la mamá de Janet era joven, estudió para ser estilista. En la escuela de belleza, las estudiantes se turnaban para peinarse entre sí. Cuando fue el turno de la mamá de Janet de tomar el papel de cliente, su compañera de clase comenzó a peinarla y le preguntó de repente: "¿Dónde están los cuernos?".

"¿Dónde están los *qué*?".

"Sí, ¿dónde están los cuernos?", le preguntó de nuevo su compañera. "Eres católica, ¿cierto?". Esta joven estaba segura de que los católicos tenían pequeños cuernos en la cabeza y que los escondían entre el cabello.

Nuestro fuerte instinto catequético y apologético, aunue es comprensible, puede obstaculizar la evangelización de la gente postmoderna. Claro, hay un momento en el que la catequesis básica se vuelve muy importante, pero para la mayoría de la gente, eso viene después. En este umbral, nuestra misión no es decirle a la gente *todo* lo que enseña la Iglesia. Más bien, nuestro objetivo es despertar la curiosidad espiritual de las personas mediante nuestras propias vidas y haciendo las preguntas que llevan a la más importante de todas: "¿Quién crees tú que es Jesús?".

Jesús: El maestro de las "P y P"

Jesús era un maestro para hacer preguntas que te hacían detenerte y reflexionar. Jesús no llevaba a cabo sesiones de "Preguntas y Respuestas" (P y R); Él más bien realizaba sesiones de "P y P" (Preguntas y Preguntas). De hecho, casi nunca daba una respuesta directa a una pregunta directa. En el Nuevo Testamento, Jesús hizo 183 preguntas, dio 3 respuestas y respondió a 307 preguntas con otra pregunta como todo un Rabino.[6] El Nuevo Testamento está repleto de historias en las que Jesús hacía preguntas como las siguientes:

- "¿Qué quieres que haga por ti?" (Marcos 10, 51).
- "¿Qué está escrito en la Escritura? ¿Qué lees en ella?" (Lucas 10, 26).
- "Mujer, ¿dónde están? ¿Ninguno te ha condenado?" (Juan 8, 10).
- "Y ustedes, ¿quién dicen que soy yo?" (Mateo 16, 15).
- "¿Quién me ha tocado la ropa?" (Marcos 5, 30).

El objetivo de esta estrategia es permitir que la curiosidad natural de la persona le lleve a un encuentro con Jesús. De hecho, a lo largo del Nuevo Testamento vemos cómo esto sucede una y otra vez. Nadie ni siquiera bosteza en la presencia de Cristo. Los desconocidos preguntan quién es, cómo es que puede abrir los ojos de los ciegos y cómo puede hablar con una autoridad que no solamente eclipsa a los escribas y fariseos, sino que ordena al viento, las olas y los demonios que lo obedezcan. Sus discípulos tienen aún más curiosidad que las multitudes que no lo conocen.

Jesús acepta y cultiva esa curiosidad. En el Evangelio de Juan, Él constantemente hace declaraciones para que quienes lo escuchan se pregunten el significado de lo que dice: "Destruyan este templo y yo lo reedificaré en tres días" (Juan 2, 19); "El que no renace del agua y del Espíritu no puede entrar en el Reino de Dios" (Juan 3, 5). "En verdad les digo que si no comen la carne del Hijo del Hombre y no beben su sangre, no tienen vida en ustedes" (Juan 6, 53); "Antes que Abraham existiera, Yo Soy" (Juan 8, 58). Cada una de estas frases tenía como objetivo provocar, como reacción inicial, una curiosidad intensa. Jesús fue capaz de soportar eso, aun cuando la curiosidad se convertía en desconcierto y hasta en hostilidad.

Esto es algo en lo que debemos seguir los pasos de nuestro Señor. Cuando llevamos una vida que inexplicablemente no podría ser separada de la gracia y del poder del Evangelio, con frecuencia descubrimos que se despierta la curiosidad de las personas que antes sentían hostilidad hacia la fe.

> Ser un testigo no consiste en hacer labor de propaganda, ni en generar polémica. Ser testigo consiste en ser un misterio viviente; significa vivir de tal manera que nuestra vida no tendría sentido si Dios no existiera.[7]

Un joven brillante que realiza trabajo pastoral en su parroquia está experimentando con una estrategia basada en preguntas dentro de algunos grupos de personas que buscan conocer más sobre la fe. En estos grupos hay personas de diferentes entornos que desean discutir preguntas espirituales que para ellos son muy importantes. Él no da presentaciones sobre las enseñanzas de la Iglesia católica sino que hace preguntas o comparte alguna cita bíblica y deja que los grupos discutan los temas. Una de sus observaciones es:

> ¡Tuvimos una excelente reunión anoche! Las barreras comenzaron a derrumbarse y surgieron las preguntas reales. De hecho, me he dado cuenta de que si yo trato de responder algunas preguntas, podría obstaculizar la búsqueda espiritual que está surgiendo entre los participantes. Además, también podría comunicar el concepto equivocado sobre la fe, como si ser católico solamente fuera cuestión de estar de acuerdo con algunas "ideas".

Una forma muy poderosa para despertar la curiosidad es contar historias. Jesús era un maestro en el uso de parábolas e historias. Una muy buena manera para hacer reflexionar a la gente es contarle las historias de Jesús en el Nuevo Testamento, tus propias historias o las experiencias de alguien más.

La curiosidad no es lo mismo que la búsqueda

La curiosidad es importante, pero todavía es casual y pasiva. La curiosidad supone confianza, pero no apertura al cambio. Además, no es la verdadera búsqueda espiritual. La curiosidad es natural. Los judíos que se describen en Juan 8 "creían en Jesús" en el sentido de que buscaban conocer al hombre del que todos hablaban y que había hecho cosas maravillosas. Este tipo de curiosidad podría resultar en un discipulado, pero no necesariamente. (Leer el final de Juan 8 para ver que si la curiosidad no resulta en un discipulado, puede volverse en contra de Cristo).

Uno de los puntos más importantes de nuestros talleres de "Formación de Discípulos," después de presentar los umbrales a los participantes, es ver un DVD de Daniel Moore en el que narra la historia de su asombroso camino desde la adicción a las drogas hasta el discipulado. La historia de Daniel es muy poderosa. Él utiliza un lenguaje simple y directo, y los participantes creen que su testimonio es muy convincente.

Dividimos el video en cinco secciones que corresponden a ciertos eventos en la vida de Daniel. Nos detenemos después de cada sección y les pedimos a los participantes que compartan lo que piensan que está sucediendo en ese momento particular en la vida de Daniel. ¿En cuál de los umbrales creen que se encuentra en este segmento? Esto siempre genera una discusión fascinante, ya que la gente naturalmente escucha cosas de diferente manera y tiene diversas opiniones sobre el significado espiritual de los eventos y las acciones que Daniel describe.

Aunque hay una gran variedad de respuestas, hay algo que sucede una y otra vez. Durante el primer receso, hay algunas personas que creen que Daniel ya es un discípulo intencional. Sin embargo, cuando ven el resto de la historia, comienzan a identificar la enorme diferencia que existe en la vida de Daniel entre el momento en que comenzó su caminar, hasta donde Dios lo llevó al final de la historia. Para el cuarto receso, la idea que tenían del significado de los eventos importantes en la vida de Daniel ha cambiado drásticamente, ya que su idea sobre el discipulado ha cambiado también.

Lo que es difícil de comprender al principio para muchos participantes es la diferencia que existe entre ir *pasivamente* con la corriente y realizar una búsqueda espiritual *activa*. Daniel no resiste la invitación que le hizo un amigo para asistir al Rito de Iniciación Cristiana (después de recibir un bautismo de emergencia porque estaba en riesgo de morir), y muchos consideran que esta es señal de una fe personal activa. No obstante, conforme llevamos a cabo estas sesiones, poco a poco nos damos cuenta de que un gran número de líderes católicos (incluyendo a aquellos que están profundamente interesados en la evangelización), creen que la fe es básicamente pasiva. En este contexto, si te presentas a Misa y si no rechazas obviamente los preceptos de la Iglesia, eres una persona que tiene "fe".

Esta es otra área en la que nuestra percepción sobre lo que es una cristiandad "normal" está basada en nuestra experiencia. Hemos llegado a aceptar la pasividad como una norma dentro del catolicismo, ya que la mayoría de los católicos son pasivos espiritualmente. Todos los indicadores estadísticos sugieren que la mayoría de nuestros miembros "activos" se encuentran en las etapas tempranas y esencialmente pasivas de su desarrollo espiritual, como la confianza y la curiosidad.

Nuestra experiencia nos dice que la norma espiritual de una parroquia promedio, es decir, una que no ha sido influenciada por un movimiento evangelizador o por algún otro movimiento, por lo general se encuentra entre la confianza y la curiosidad. Como veremos en los siguientes capítulos, si esto sucede en tu parroquia, tiene muchas consecuencias importantes en todas las áreas de la vida de la comunidad, sobre todo cuando una parroquia comienza a evangelizar intencionalmente.

Vivir curiosamente

La vida católica ha de ser un "signo de contradicción" en este mundo. Eso no significa que debamos ser unos cascarrabias que van por ahí contradiciendo a todo el mundo. Más bien, significa que hemos de vivir nuestras vidas con un gozo, un amor, una fe y una paz tan inexplicables que no encajemos en ninguna de las categorías en las que los no creyentes traten de clasificarnos. No somos ni judíos ni gentiles, ni conservadores ni liberales, ni miembros de alguna de las tribus de este mundo. Como dice Hebreos 13, 14, "sabiendo que no tenemos aquí una patria permanente, sino que andamos en busca de la futura".

Vivir curiosamente significa algo más que ser "buenos"; requiere que actuemos pensando siempre en el Reino y que llevemos nuestras vidas en contra de la cultura de la sociedad. Por ejemplo, perdonar y pedir perdón a los que nos han traicionado es una de las cosas más contrarias a la cultura que podemos hacer; aún más difícil y más escandalosa que las enseñanzas morales sobre sexualidad que los medios de comunicación presentan como uno de los aspectos más difíciles sobre la fe católica.

Del mismo modo, decir la verdad con amor, honrar a otros con nuestras palabras, vivir en relaciones sanas, cuidar al pobre, compartir libremente nuestros bienes, orar por sanación y providencia y hasta simples momentos de oración en familia pueden ser testimonios poderosos en contra de la cultura. Tenemos la libertad en Cristo de decir cosas inesperadas y hasta escandalosas, no para causar conmoción, sino para "desvirtuar el paradigma dominante" teniendo en cuenta que el Reino de los Cielos está aquí, que Jesucristo el Señor resucitado está en medio de nosotros con poder.

Una vida de oración que surge del poder sobrenatural de la Eucaristía y los sacramentos y que se manifiesta en obras de misericordia corporales y espirituales como alimentar al hambriento, cuidar al enfermo y orar por los vivos y difuntos puede ser un signo de contradicción poderoso que despierta la curiosidad que lleva hasta el alma de Cristo. Como el Papa Benedicto ha escrito:

> El testimonio de la caridad de Cristo mediante obras de justicia, paz y desarrollo forma parte de la evangelización, porque a Jesucristo, que nos ama, le interesa todo el hombre.[8]

Ayudar a los Católicos a regresar a casa

Los programas parroquiales de ayuda a la comunidad como "Landings" y "Catholics Returning Home" se crearon para recuperar la confianza de las personas que han dejado la Iglesia. Estos programas hacen su trabajo mediante la recepción y la aceptación de un grupo de católicos practicantes.

Otro programa llamado "Catholics Come Home" (CCH por sus siglas en inglés) se ha dedicado a despertar la confianza y la curiosidad mediante el uso de campañas publicitarias en la televisión en treinta diócesis del 2008 al 2011. Según la página web del CCH, los anuncios publicitarios han ayudado a "cientos de miles de personas a regresar a casa", a la Iglesia Católica. Este resultado se mide en parte por un aumento del número de personas que asisten a Misa.

Sin embargo, Mark Gray, director de encuestas católicas para el Centro de Investigación Aplicada al Apostolado (CARA por sus siglas en inglés), escribió un informe detallado sobre los resultados del CCH en el 2011. Gray nota que después de un año de publicar los anuncios, la asistencia a Misa regresó a los niveles en los que se encontraba antes de que estos salieran al aire por la televisión. Él considera que los incrementos iniciales pueden deberse a que las campañas del CCH se realizan durante el Adviento y la Cuaresma, que son los tiempos en los que la asistencia a Misa siempre se incrementa significativamente:

> Yo no dudo que los anuncios traigan a algunos católicos alejados y a personas no católicas a nuestras parroquias. Pero la información indica que el número de estas personas es aún demasiado pequeño para aparecer en los conteos nacionales. Los materiales del CCH con frecuencia hablan de "almas salvadas" por los comerciales. Para que esto sea cierto, la gente que regresa a las

> parroquias tendría que seguir asistiendo y permanecer Tendría que ser algo más que "una corta visita a casa".[9]

A la luz de los umbrales, podríamos decir que los anuncios del CCH ayudan a restablecer la confianza y a despertar la curiosidad, pero ¿qué sucede después? La parte que falta es nuestra vida parroquial. Nuestras parroquias no se han vuelto más acogedoras o evangelizadoras repentinamente. Restaurar el vínculo elemental de confianza es un gran paso. Sin embargo, lo más probable es que aquellos que sumergen sus pies en el gran mar de la Iglesia Católica no tienen la certeza de que es posible tener una relación personal con Dios. A menos de que trabajen en lo que las alejó de la Iglesia en primer lugar, estas personas solamente regresarán por un corto tiempo.

La mayoría de las iniciativas dirigidas a atraer a los católicos alejados no tratan la cuestión del discipulado. Su impacto podría ser mucho mayor si concibiéramos estos programas a la luz del camino que la gente del siglo XXI toma por lo general. El CCH y otros programas para ayudar a antiguos católicos a regresar a la Iglesia no tendrán el impacto deseado mientras que sigamos asumiendo que basta con lograr que el católico cruce la puerta de la parroquia para recuperar la confianza que un día tuvo. No tendremos el impacto que deseamos tener hasta que el discipulado intencional sea la norma en nuestras comunidades.

CAPÍTULO 7

El tercer umbral: La apertura

"Creo, ¡pero ayuda mi poca fe!".

Marcos 9, 24

Poco tiempo después de haber comenzado a trabajar con los umbrales, recibí un correo electrónico de un hombre en Australia a quien voy a llamar "Thomas". Thomas quería hablar conmigo sobre algo sorprendente que le había sucedido con un compañero de trabajo. "Gareth" y Thomas habían trabajado juntos por treinta años. Gareth era un científico ateo que siempre había despreciado la profunda fe católica de Thomas. Sin embargo, la esposa de Gareth había fallecido hace seis meses y, repentinamente, Gareth tocó a la puerta de la casa de Thomas y deseaba hablar sobre Dios. De alguna manera, durante los treinta años en los que habían trabajado juntos, se había formado un puente de confianza, y en este momento de fragilidad, Gareth estaba buscando a Thomas.

El dolor no hacía que fuera más fácil lidiar con Gareth. Thomas le prestaba algún libro, como "*La Historia de un Alma*" de Santa Teresa y una semana después, Gareth lanzaba el libro en el escritorio de Thomas diciendo que era basura, para luego regresar y pedirle más libros. Thomas tuvo que ser extremadamente paciente y orar fervientemente para soportar los arranques de Gareth y ocasionalmente me escribía completamente frustrado— parecía que sus esfuerzos no tenían sentido. Gareth vociferaba sin parar sobre Dios y atacaba las creencias de Thomas; y sin embargo, muy lentamente y a pesar de sus gritos y pataletas, Gareth estaba cambiando. Después de varios años, aceptó y creyó que Dios existía. Pero, en lo que se refería a aceptar formar parte de una religión organizada como el catolicismo— ¡no!

Luego llegó el día en el que Gareth le preguntó a Thomas si podría acompañarlo a una sesión de RICA. Yo recibí la buena noticia unos días antes de dar una charla sobre los umbrales en una reunión arquidiocesana para líderes de RICA. Cuando llegó el momento de hablar sobre el umbral de la apertura, les compartí la historia de Thomas y Gareth. Solo por curiosidad, le pregunté a mi audiencia cómo se sentirían si tuvieran a Gareth en su programa de RICA. No tuve más que ver sus caras de consternación. ¡La idea de tener a Gareth en una sesión de RICA era suficiente para hacer llorar hasta al catequista con más experiencia!

No fue una sorpresa cuando me enteré de que Gareth decidió que esto no era para él después de haber asistido solo a una sesión de RICA. Cuando regresó por segunda vez a RICA, llegó a la misma conclusión. Es probable que la tercera sea la vencida. (Yo no lo puedo juzgar; yo sobreviví tres sesiones de RICA y nunca me gradué). No obstante, Gareth sigue visitando la casa de Thomas y la conversación casi siempre termina siendo sobre la cristiandad y la fe.

Cuando pienso en el umbral de la apertura, pienso en Gareth. La curiosidad es una parte del ser humano que tiene un origen divino y naturalmente, solamente se satisface en Dios. Bajo la influencia de la gracia, su propósito es llevar a la persona al siguiente umbral: la apertura. Sin embargo, llegar a este umbral es uno de los procesos más difíciles para la gente moderna porque requiere que estemos abiertos a la posibilidad de un cambio personal y espiritual. La apertura es el ejemplo perfecto de un momento decisivo que puede experimentarse de manera muy diferente por las personas fuera de la Iglesia y por la gente que ya forma parte de esta. Alguien que se encuentra al borde de este umbral puede sentir que está al filo de un abismo, mientras que un católico de toda la vida no entiende por qué esto causa tanto alboroto.

A pesar de todas sus protestas, Gareth había experimentado en realidad un cambio espiritual significativo y estaba rondando la frontera de la apertura. Pasar de la curiosidad a la apertura es una de las transiciones más difíciles de hacer porque implica, como no lo hacen los umbrales anteriores, tomar la decisión de bajar defensas como el cinismo y el antagonismo, y reconocer ante Dios (si realmente está ahí y escucha) y ante uno mismo que se está abierto al cambio. Esto puede parecer peligroso, aterrador, irracional y fuera de control. Existen muchas presiones, miedos y obstáculos que debemos vencer para llegar a la apertura; es por esto que muchas personas que tienen curiosidad nunca son capaces de hacer esta transición.

El Papa Benedicto XVI habló hermosamente sobre esta dinámica durante su homilía inaugural:

> ¿Acaso no tenemos todos de algún modo miedo —si dejamos entrar a Cristo totalmente dentro de nosotros, si nos abrimos totalmente a Él,— miedo de que Él pueda quitarnos algo de nuestra vida? ¿Acaso no tenemos miedo de renunciar a algo grande, único, que hace la vida más bella? ¿No corremos el riesgo de encontrarnos luego en la angustia y vernos privados de la libertad?[1]

Con frecuencia, un evento importante en la vida de la persona es lo que desencadena la apertura al cambio. Puede ser la fragilidad que se deriva de una pérdida de empleo; puede también deberse a una nueva relación sentimental: enamorarse, contraer matrimonio o tener hijos. También puede ser la herida por una relación que termina o el fallecimiento de un ser querido. Puede ser una enfermedad grave, una tragedia o alguna otra pérdida. También puede ser un momento de cambio de dirección, como regresar a trabajar después de que los hijos se gradúan, se casan o después de haberse retirado. Puede ser un renacimiento espiritual inspirado al contemplar la belleza intrínseca de la oreja de un niño (como le sucedió al excomunista Whittaker Chambers) o al tener una conversación entre amigos (como le sucedió al autor C.S. Lewis mientras caminaba con J.R.R. Tolkien y Hugo Dyson).

Por cada persona que franquea el camino a la apertura sin problemas, existen diez para quienes es muy difícil hacerlo. Muchos, al igual que Gareth, alternan entre su deseo y su oposición por cambiar. A medida que la gente se acerca al umbral de la apertura, algunos "prueban" lo que significaría hacer el cambio; le dan a Dios un "período de prueba", por decirlo de alguna manera. Cuando se encuentran en esta situación, nosotros debemos reprimir el impulso de decir: "lo único que tienes que hacer es creer". Debemos resistir el deseo de presionarlos más allá de que están preparados para hacer en ese preciso momento. Si tu amigo todavía no cree en un Dios personal o no cree que sea posible tener una relación con Dios, no será capaz de cruzar hacia la apertura. Es necesario lidiar con los asuntos fundamentales primero.

Como el camino hacia la apertura puede ser un proceso muy lento, es importante ser paciente. Debemos recordar que es probable que las preguntas superficiales que nuestro amigo realiza sobre asuntos cósmicos realmente están ocultando las preguntas personales más profundas que avanzan su búsqueda y evitan que continúe su proceso. Es crucial interceder constantemente cuando alguien se encuentra al borde de la apertura. Dios no es el único que está trabajando durante este proceso. Hay muchas influencias (la naturaleza herida de la persona, dinámicas familiares, amigos hostiles, la cultura, el enemigo y el mundo) que conspiran para obstaculizar el camino hacia la apertura. Nuestro interés por la persona debe ser genuino. Sin importar lo que decida, nuestro amigo necesita saber que seguirá contando con nuestra amistad.

No nos adelantemos

Como lo he mencionado anteriormente, los católicos con frecuencia confundimos los primeros umbrales con una fe activa y personal, o la curiosidad con una búsqueda seria. También podemos confundir una apertura inicial al cambio con un discipulado intencional. Las consecuencias de esta confusión nos quedaron claras al Padre Mike y a mí hace algunos años, cuando una pareja de Iowa nos hizo una consulta sobre su trabajo de evangelización.

"Samanta" durante años había dirigido con éxito un retiro de evangelización en su parroquia. Su esposo, "George", asistió uno de los fines de semana y experimentó una conversión drástica. George salió del retiro convertido en un discípulo apasionado y ahora estaba muy involucrado con los cursos de RICA y con los retiros. Después de estudiar los umbrales, Samanta y George se dieron cuenta de algo que sucedía en los retiros que ellos no habían entendido hasta ese momento.

Ellos sabían que los retiros habían cambiado genuinamente las vidas de muchos feligreses, pero se dieron cuenta de que la mayoría de estos salía de los retiros en el umbral de la apertura, pero que todavía no eran discípulos en toda la extensión de la palabra. Los participantes habían pasado de la confianza o curiosidad a la apertura en cuestión de días, por lo que su experiencia había sido muy intensa. Además, al haber reconocido su apertura a un cambio personal, ya habían superado la norma espiritual de la comunidad en general. Como la experiencia de las personas que participaban en los retiros había sido tan poderosa y como muy pocos de ellos tenían una idea clara de lo que era el discipulado intencional, nunca se les ocurrió pensar que el proceso iba aún más allá.

Como muchos católicos asumen que el cambio espiritual sucede naturalmente a un paso muy lento, es realmente dramático ver a alguien pasar por este proceso con rapidez. ¿Qué más podemos pedir? La expectativa en la parroquia de esta pareja era que la gente debía asistir al retiro para "entusiasmarse" sobre la fe, para luego expresar su fe sirviendo a la Iglesia. Como resultado, no se les daba seguimiento a estas personas y mucho menos se les ayudaba a continuar su camino hacia un discipulado intencional.

Los católicos que llegan a una etapa de desarrollo espiritual que va más allá de la experiencia de su comunidad se dan cuenta de que su familia, sus amigos y los otros feligreses se sienten incómodos con este nuevo suceso. Lo que hemos descubierto es que muchas personas se sienten tan consternadas por la falta de respaldo en su parroquia que deciden irse para encontrar una comunidad que entienda lo que les está sucediendo. "Raquel", una mujer que trabaja en una arquidiócesis muy importante, recientemente recibió llamadas de seis personas diferentes que, sin tener relación entre ellas, la contactaron en el transcurso de un mes para decirle, "estoy a punto de dejar la Iglesia Católica para unirme a una protestante porque no conozco a nadie en mi parroquia con quien hablar sobre lo que me está sucediendo espiritualmente". Se había corrido la voz en la parroquia de que podían llamarle a Raquel para hablar sobre tus problemas espirituales y una relación con Dios. Afortunadamente, ella pudo convencer a cuatro de esas seis personas para que permanecieran en la Iglesia. Ella las puso en contacto con otros miembros de la parroquia que podrían brindarles apoyo en este proceso.

Es necesario reconocer la existencia de una *hemorragia oculta provocada por el crecimiento espiritual* en nuestras parroquias. Muchos católicos experimentan inquietudes espirituales, pero probablemente no comprenden lo que están buscando; simplemente sienten que existe algo más de lo que han experimentado hasta ahora. Por lo que respecta a los umbrales, estas personas varían entre las últimas etapas de la curiosidad hasta la apertura y a la búsqueda temprana. Sus antenas espirituales están buscando en silencio a otras personas que pudieran estar experimentando lo mismo, buscan pistas, buscan dirección. Sin embargo, con frecuencia ellas son invisibles para el resto de nosotros. Si tímidamente se acercan a hablar con algún miembro del equipo parroquial, casi siempre la respuesta es tratar de ponerlos en contacto con alguna actividad parroquial o diocesana.

Estos feligreses forman parte del grupo de personas que dijeron a los encuestadores de Pew que decidieron dejar la Iglesia Católica porque esta "no satisfacía sus necesidades espirituales". Muchos de ellos terminan formando parte del mundo protestante. (El 9% de todos los protestantes y el 11% de todos los evangélicos fueron criados en la Iglesia Católica).

A estas personas las motiva un tipo de pérdida diferente: la pérdida de esperanza espiritual que con el tiempo se convierte en una pérdida de confianza. Recuperar o fortalecer la confianza de los que se han alejado o de los que piensan hacerlo por que anhelan algo más requiere que nosotros seamos capaces de darles esperanzas de que su hambre espiritual puede ser saciada abundantemente en la Iglesia Católica. Para la mayoría, esto debe de suceder al nivel parroquial.

Lo que comenzamos a ver es que, cuando hablamos en las parroquias sobre el tema del discipulado y de la relación personal con Dios, estas personas que están buscando algo más comienzan a salir a la luz. Si creen que existe la posibilidad de que alguien los pudiera comprender, muchos de ellos buscarán ayuda dentro de la Iglesia antes de alejarse. Y si encuentran ayuda, la mayoría decidirá quedarse. Si no pueden encontrar ayuda en su propia parroquia, con frecuencia acudirán a otra parroquia que se enfoque abiertamente en el discipulado. Estas parroquias han notado que las personas que se encuentran en una búsqueda espiritual llegan hasta sus puertas. ¡Una excelente oportunidad! Estas personas están entre nosotros; ya están bautizadas, ya son católicas. Todo lo que tenemos que hacer es reconocer, honrar, nutrir y apoyar el trabajo del Espíritu Santo en sus corazones para ganar nuevos discípulos.

Promover la apertura

Cuando tu amigo se encuentre a punto de la apertura, puede ser conveniente desafiarlo a que tome el siguiente paso. Jesús lo hacía constantemente, algunas veces la persona renunciaba a su vida y lo seguía (como sucedió con los apóstoles) y otras veces el discípulo potencial decidía alejarse tristemente (como sucedió con el joven rico). Obviamente, para hacer esto debe existir una profunda confianza entre ambos. Estas son algunas sugerencias:

- **Ser sincero y no juzgar.** Háblale sobre tus propias batallas, sobre cómo buscaste a Dios para que te ayudara a cambiar y sobre cómo Dios te ayudó a hacerlo.
- **Hacer preguntas que le hagan reflexionar.** Con frecuencia, podemos ayudar a las personas que están a punto de cruzar al umbral de la apertura si les hacemos preguntas oportunas sobre el cambio personal: "¿Qué haces en los momentos difíciles?" o "¿Dónde crees que está Dios en esta situación?".
- **Ayudarle a hacer la conexión.** En nuestro trabajo de discernimiento, pasamos mucho tiempo ayudando a los católicos a identificar las maneras en las que Dios los ha utilizado en el pasado, aunque probablemente ellos no se hayan dado cuenta en el momento. Podemos hacer lo mismo cuando acompañamos a alguien que se encuentra a punto de cruzar al umbral de la apertura. *Utiliza sus propias palabras* y recuérdale las ocasiones en las que Dios ha obrado en su vida. Esto puede ayudarle a darse cuenta de que Dios siempre lo ha buscado y que está haciendo todo lo posible por llamar su atención.
- **Animarlo a pedirle a Dios una señal.** Sí, esto puede parecer arriesgado pero, ¿realmente creemos que Dios está tratando de iniciar una relación con él o no?
- **Preguntarle si te permite orar por él.** Si está de acuerdo, ora por él utilizando tus propias palabras y pídele a Dios que le ayude a abrirse a su amor. Hazlo de manera sencilla. Yo sé bien que esto puede causarles ansiedad a muchos católicos, pero escuchar a alguien más orar por nosotros tiene mucho poder.
- **Preguntarle si desea orar y aceptar su apertura a**

Dios. Este es nuestro objetivo final. Cuando sucede, puede ser algo muy sencillo.

La tradición católica mantiene que la gracia perfecciona la naturaleza (ya que Dios es el autor de ambas). Es por esto que es importante aprovechar los aspectos de la cultura humana que puedan ayudar al discípulo potencial. Una de las ventajas que podemos aprovechar es el hecho de que, en nuestra cultura, la apertura es algo *positivo*. Este imperativo cultural a estar abierto a nuevas ideas y experiencias puede ser muy útil cuando animemos a alguien que está en el camino hacia el discipulado. Podemos ayudarlo a comprender que Jesús transforma vidas y que la apertura al cambio, a final de cuentas, traerá felicidad y bendiciones a su vida.

Dios con nosotros

Una manera muy sencilla para fomentar la confianza, la curiosidad y la apertura es la Adoración Eucarística. ¿Qué pasaría si dejáramos de considerar la Adoración como una devoción para los que ya son devotos y comenzáramos a pensar en ella como una forma de evangelización particularmente adecuada para la mentalidad postmoderna? De hecho, es una forma de devoción ideal para las personas que aún no son devotas.

La adoración atrae a las personas postmodernas porque es algo vivencial, misterioso y accesible para todos: los no bautizados, los no católicos, los que no pertenecen a ninguna iglesia, los no practicantes, los que han sido catequizados erróneamente, los heridos, los escépticos, los que buscan a Dios, los hijos pródigos y los que no están seguros de que pueda ser posible tener una relación con Dios. Tengo un conocido que describe la adoración como una "Terapia de Radiación Espiritual" porque pone al alma directamente en la presencia de Jesucristo, confiando que Él actuará si dejamos la puerta abierta aunque sea un poco. Todo lo que se necesita es tener la capacidad de estar sentado.

Un líder parroquial describe de esta manera el uso de la adoración para atraer a los bautizados a una relación más profunda con Cristo:

> Una de las cosas más importantes que le faltaba a nuestra comunidad era tener una experiencia sobre la vida cristiana de dimensiones sobrenaturales. Simplemente no era algo que se nos hubiera ocurrido. Habíamos tenido encuentros "involuntarios" en la liturgia, pero nunca habíamos experimentado algo que realmente tuviera un impacto en nuestras vidas. La Adoración Eucarística con adolescentes y adultos ha sido una experiencia poderosa de la presencia de Cristo. La Adoración Eucarística nos ha hecho experimentar un encuentro con Dios.

He oído muchas historias sobre personas que se convirtieron tras un encuentro "accidental" con la Sagrada Eucaristía. Yo misma soy católica porque tuve un encuentro con la Sagrada Eucaristía cuando era una estudiante universitaria. Había pasado por una experiencia de conversión muy fuerte el año anterior y estaba buscando un lugar en donde orar. Las iglesias protestantes estaban cerradas, pero había una Iglesia Católica muy grande que estaba abierta, aunque yo no entendía por qué. Me dirigí hacia la Parroquia de la Sagrada Eucaristía (¡!) y *sentí* la presencia poderosa de Dios como nunca la había sentido antes. En un instante, esa experiencia sobrepasó todas las ideas anti-católicas con las que había sido educada desde mi niñez y repentinamente, tenía frente a mí un puente de confianza.

Esa experiencia de la presencia de Dios hizo que regresara a las Iglesias Católicas a orar. Solía entrar a algunas iglesias protestantes muy bonitas y pensaba, "es hermosa, pero está vacía".

"La presencia que no podía explicar" no estaba ahí. Así es como comencé a considerar la parroquia de la Sagrada Eucaristía como el lugar en el que podía realizar mi oración personal. Sin embargo, mi identidad evangélica seguía firme y no estaba dispuesta a cambiar.

Luego, mientras oraba un día en la parroquia de la Sagrada Eucaristía, me detuve en frente de una estatua de una mujer joven. El pequeño letrero que se encontraba a sus pies me hizo saber que su nombre era Catalina de Siena. Yo no sabía nada acerca de Catalina, pero pensé que si había una estatua de ella era porque tenía que ser una santa, y los católicos creían que podíamos pedirles a los santos que intercedieran por nosotros.

Lo hice por un impulso. Le dije: "Katy, tú sabes lo que es ser una mujer joven. Dicen que puedo pedirte que intercedas por mí. Quiero conocer el propósito por el que Dios me creó. Necesito saber qué es lo que debo hacer. Si puedes, intercede para que pueda descubrirlo". Después, por razones que aún no comprendo, repentinamente levanté la cabeza y dirigí mi siguiente oración al techo. "Y Dios, si esta cosa católica es cierta, estoy abierta".

En un instante pensé que acababa de hacer la cosa más tonta de mi vida. Pero no me arrepentí. No comprendí el significado de ese momento hasta que descubrí los umbrales muchos años después. Acababa de reconocer frente a Dios y frente a mí misma que estaba *abierta* a un cambio personal. Había cruzado, sin saberlo, a un nuevo mundo espiritual.

Cuando el corazón humano se abre a Jesucristo, permanecer neutral se vuelve cada vez más difícil. La persona que se acerca al discipulado debe de cruzar la "próxima frontera" pasar de estar abierta al cambio para comenzar una búsqueda espiritual activa. Debe cruzar hacia el umbral de búsqueda espiritual.

CAPÍTULO 8

Los umbrales de la conversión: La búsqueda y el discipulado intencional

"Todo hombre que conoce que la Pascua ha sido inmolada por él, considere que el principio *de la vida, para él, es aquel en el que Cristo se ha inmolado por él. Pero para él Cristo se ha inmolado en el momento en el que reconoce la gracia y es consciente de la vida que le ha procurado dicha inmolación".*

ANTIGUA HOMILÍA DE LA PASCUA[1]

Cuando Corinne López, la directora de formación en la fe del Centro St. Thomas More Newman en la Universidad de Oregón, y su colega Doug regresaron de un taller "Formación de

Discípulos" en octubre del 2007, sabían que había muchas cosas que debían cambiar. Corinne me dijo: "Aunque ya impartíamos clases de RICA, cuando Doug y yo regresamos y revisamos la descripción de nuestros cursos, básicamente cambiamos todo. Comenzamos a preguntarnos: '¿en dónde deseamos que esté la gente espiritualmente cuando reciban su bautismo o hagan su profesión de fe?'".

Corinne y Doug decidieron cambiar su proceso de pre-catecumenado para dejar claro que el propósito del RICA es ayudar a que la gente se convierta en seguidores conscientes e intencionales de Jesús. El equipo se concentró en mantener el enfoque en Jesús. "Había una apertura total a ver a Jesús como el centro de todo lo que hacemos como católicos", dijo Corinne. "El pre-catecumenado no se concentraba tanto en la historia de la Iglesia, más bien se enfocaba en Jesús como Señor, Salvador, Dios. Les hacemos saber que su fe católica los llevará a seguir a Cristo y, que si son seguidores de Cristo, desearán ser católicos". Al poner a Cristo como centro de la doctrina del RICA y al llamar a los participantes a la conversión, Corinne y su equipo notaron que los catecúmenos y candidatos tenían un hambre profunda de recibir catequesis. Seguían haciendo excelentes preguntas cuando el equipo les hablaba de los sacramentos, la tradición de la Iglesia y las enseñanzas sobre justicia social después del Rito de Aceptación al inicio de la Cuaresma.

El Padre Raniero Cantalamessa detalló esta estrategia de "poner a Jesús primero" ante el Papa Benedicto y la Casa Pontificia el último domingo de Adviento del 2011:

> A este punto, si se quiere evangelizar el mundo secularizado, se impone una elección. ¿De dónde empezar? La inmensa riqueza de la doctrina y de las instituciones pueden convertirse en una desventaja si queremos presentarnos con eso al hombre, quien ha perdido todo

> contacto con la Iglesia y ya no sabe quién es Jesús.
>
> Se necesita ayudar a esta persona a establecer una relación con Jesús; hacer con el hombre moderno aquello que hizo Pedro el día de Pentecostés con las tres mil personas allí presentes: hablarle de Jesús, a quien nosotros hemos crucificado y que Dios lo ha resucitado, llevarlo al punto en que también él, tocado en el corazón, pregunte: "¿Qué hemos de hacer, hermanos?" (Hechos 2, 37) y nosotros responderemos, como respondió Pedro: "Arrepiéntanse, háganse bautizar si no lo son aún, o confiésense si ya son bautizados".
>
> Aquellos que responderán al anuncio se unirán, también hoy, como entonces, a la comunidad de los creyentes, escucharán las enseñanzas de los apóstoles y participarán en la fracción del pan; según la llamada y la respuesta de cada uno, podrán apoderarse poco a poco, de todo aquel inmenso patrimonio nacido del *kerigma*. No se acepta a Jesús por la palabra de la Iglesia sino que se acepta a la Iglesia por la palabra de Jesús.[2]

Nuestra tarea principal cuando alguien ha llegado al umbral de la búsqueda es ayudarle a concentrarse en la persona de Jesús y en los retos centrales del *kerigma*, dejando los otros asuntos de la doctrina para después. Si la persona asiste a la doctrina del RICA, el catecumenado y la mistagogia le darán la oportunidad para cubrir estos asuntos y producirán muchos más frutos para aquellos que ya son discípulos.

Cuando hablamos de enfocarse en Jesús, mucha gente se preocupa creyendo que nos referimos a una actitud "Jesús y yo", pero este no es el caso. Dentro del marco de las clases de RICA, de los retiros parroquiales o de otras experiencias de evangelización, es la Iglesia quien propone a Jesucristo como el Señor y el corazón vivo de todo lo que Ella enseña.

Si hiciéramos esto regularmente, no tendríamos a millones de católicos en congregaciones protestantes diciéndole a la gente que dejaron la Iglesia porque no habían experimentado a Cristo de manera viva. "Jesús y yo" dejaría de ser un problema si los católicos tuvieran un encuentro radical con Jesucristo *en el contexto de sus propias parroquias*.

Tampoco tendríamos el problema del gran número de antiguos alumnos del RICA que dejan la Iglesia después de un año de haber asistido a esta doctrina. El Padre Michael Sweeney y yo experimentamos esta realidad en el 2000 mientras realizábamos unas presentaciones en Roma sobre la teología relacionada con el proceso de discernimiento de "Llamados y Dotados". Pasamos más de una hora hablando sobre nuestra labor con un Cardenal en particular. En un momento de la conversación, el Cardenal me preguntó: "¿Qué porcentaje de los adultos estadounidenses que han pasado por el RICA han dejado de practicar la fe en el primer año?".

Yo no estaba segura, pero sabía que las cifras no eran muy alentadoras. Así es que me atreví a adivinar: "¿Cincuenta por ciento?".

El Cardenal movió su cabeza de un lado a otro. "No", dijo. "Es casi el 70%".

Aunque no se han hecho investigaciones formales sobre el número exacto de personas que abandonan la fe en el primer año, las personas con las que he hablado y que participan en el ministerio catecumenal están conscientes de esta realidad. Cuando nos concentramos en formar discípulos en el contexto del RICA, la hemorragia se reduce a un goteo.

A Corinne ciertamente le preocupaba que muchos de sus antiguos alumnos pudieran desaparecer. La primera Pascua, cuatro adultos fueron bautizados y otros cuatro hicieron una profesión de fe. Corinne y Doug sabían que los ocho eran discípulos intencionales o que ya se encontraban en el umbral de la búsqueda. Corinne me dijo:

> Yo creía que uno de los muchachos todavía estaba en la etapa de búsqueda, pero durante su confirmación en la Vigilia, casi desfallece. Su padrino lo tuvo que detener para que no cayera hasta el suelo. Desde entonces, él grabó un CD de rap cristiano y está extremadamente entusiasmado. ¡Ahora está seguro de que ama a Jesús y a María!

La última vez que hablé con Corinne, me dijo que unos treinta y dos hombres y mujeres habían entrado en la Iglesia a través del RICA en el Centro Newman en los últimos cuatro años. La mayoría eran discípulos cuando terminaron la mistagogía. El equipo de RICA se centró en ayudar a los neófitos a conectar con la Iglesia durante la mistagogía. Varias clases de mistagogia no querían parar ni siquiera durante el verano. Corinne se mantuvo en contacto con sus neófitos por correo electrónico, y casi todos eran católicos activos. Varios trajeron a otras personas al RICA en los años siguientes. Cuatro de sus ex alumnos de RICA trabajaban para la Iglesia, tres de ellos como ministros de la juventud.

Entrar a "La Zona"

Hemos descubierto que es útil considerar los umbrales de búsqueda y discipulado intencional de manera conjunta, además de considerarlos como dos etapas separadas. Ambos umbrales son *activos*, a diferencia de los umbrales anteriores (confianza, curiosidad y apertura), que son pasivos. Esta es la razón por la que en ocasiones nos referimos a los umbrales de búsqueda y discipulado intencional como "La Zona".

"La Zona" es el lugar en el que las personas luchan contra la idea de seguir a Jesús o contemplan seriamente hacerlo. Cuando un individuo llega a la etapa de búsqueda activa, las cosas comienzan a cambiar. Cuando un gran número de feligreses se encuentran en una etapa de búsqueda activa o son discípulos, la atmosfera espiritual de la parroquia mejora drásticamente.

Búsqueda: "Noviazgo serio"

Desde el exterior, la apertura puede confundirse con la búsqueda. Algunas personas asumen que estar "abierto al universo" (en otras palabras, *no* estar cerrado) es lo mismo que buscar activamente. Esto no es verdad.

En la actualidad, estar "abierto" es una actitud que está muy de moda, sobre todo en lugares como Seattle. Por ejemplo, en una ocasión yo vi un anuncio muy llamativo en un periódico de Seattle. Por una cuota insignificante, invitaban a la gente a participar en una sesión con un gurú de la Isla Vashon en el estado de Washington quien, supuestamente, recibía los "futuros patrones del universo". Mucha gente moderna se siente muy cómoda con la idea de estar "abierta" siempre y cuando no tengan que llegar a alguna conclusión o tomar alguna decisión.

No obstante, esa clase de apertura es diametralmente opuesta a la experiencia interna de la búsqueda espiritual. Para entrar al umbral de la búsqueda, es necesario tener la certeza de que es *posible* tener una relación personal con Dios, ya que, después de todo, es lo que se está buscando. La búsqueda es un "noviazgo serio" que todavía no es matrimonio. En ambas relaciones, las preguntas que se realizan son muy similares. ¿Esta es la persona para mí? ¿Debería darle mi vida a esta persona?

El matrimonio es precisamente la imagen que las Escrituras utilizan una y otra vez para describir la relación entre Dios e Israel, Cristo y la Iglesia y el Espíritu Santo y el alma. Las personas que se encuentran en una búsqueda espiritual ya no especulan sobre preguntas interesantes sin tener un interés real en la respuesta. Por el contrario, ahora están lidiando con una decisión que realmente importa. Ellos *desean*, *necesitan* llegar a una conclusión. La búsqueda se asemeja a una cruzada.

En búsqueda de Jesús

Las personas que llegan a este umbral buscan a Jesucristo y no solamente a Dios en un sentido general o como una "fuerza impersonal" o "Poder Superior". La búsqueda se centra en la posibilidad de comprometerse a seguir a Jesús de Nazaret como su discípulo. Al mismo tiempo, la búsqueda aún no es un discipulado intencional. En esta etapa, la persona solamente está *considerando* seriamente tirar las redes y seguir a Jesús hacia lo desconocido. Las redes todavía están en sus manos. No obstante, esta persona comienza a considerar el precio que tendría que pagar, tal y como Jesús nos lo ordenó:

> Caminaba con Jesús un gran gentío. Se volvió hacia ellos y les dijo: "Si alguno quiere venir a mí y no pospone a su padre y a su madre, a su mujer y a sus hijos, sus hermanos y hermanas, e incluso a su propia persona, no puede ser discípulo mío. El que no carga con su propia cruz para seguirme luego, no puede ser discípulo mío. Cuando uno de ustedes quiere construir una casa en el campo, ¿no comienza por sentarse y hacer las cuentas, para ver si tiene para terminarla?" (Lucas 14, 25-28).

Las personas en el umbral de la búsqueda saben que seguir a Jesús tiene consecuencias personales: hacerlo supone exigencias reales en relación a sus prioridades, tiempo, dinero, relaciones y todas las otras áreas de su vida. Estas personas comprenden que el discipulado no es solamente un "seguro contra incendios", ni es una mera "aceptación mental" de algunas ideas religiosas.

Cuando el viajero espiritual cruza hacia la búsqueda, se

siente cómodo pasando mucho tiempo con los cristianos. El período de pre-catecumenado del RICA es ideal para aquellos que se encuentran en los umbrales de confianza, curiosidad y apertura; el umbral de la búsqueda es el momento perfecto para entrar al catecumenado formal. La catequesis inicial es increíblemente fecunda para aquellos en una etapa de búsqueda porque se hacen preguntas que esta catequesis está diseñada para contestar. En esta etapa, las personas comienzan a orar seriamente, a tener conciencia del pecado personal y la necesidad de arrepentimiento.

Mientras que avanzamos por los umbrales, nuestro conocimiento de Jesús y nuestra apertura hacia Él se deben incrementar constantemente. Los católicos en el camino hacia el discipulado deberían comenzar a recibir algunas partes de la Historia de la Salvación de Jesús (el *kerigma*) a partir del umbral de la curiosidad. Ellos necesitarán conocer todo este mensaje al momento de decidir si desean "tirar sus redes".

De la apertura a la búsqueda

En algunas ocasiones, es necesario desafiar a una persona para que continúe el camino de la apertura a la búsqueda. Aquí es útil recordar las palabras de Jesús, "Mi doctrina no viene de mí, sino del que me ha enviado. El que haga la voluntad de Dios conocerá si mi doctrina viene de Él o si hablo por mi propia cuenta" (Juan 7, 16-17).

Podemos ayudar a los que se encuentran al borde de la búsqueda si los invitamos a tratar de realizar obras de misericordia corporales y espirituales. Basadas en la parábola de las ovejas y los machos cabríos que Jesús dijo en Mateo 25, 31-46, así como en el resto de las tradiciones judías y cristianas, las obras de misericordia nos llaman a poner atención tanto a las necesidades físicas como espirituales de la persona de manera práctica.[3]

El umbral de la búsqueda también es un muy buen momento

para ayudarlos a explorar la gran diversidad de oraciones dentro de la tradición católica. Cada tipo de persona responde mejor a diferentes tipos de oración. Si a una persona no le gusta rezar el Rosario, quizás prefiere la Liturgia de las Horas, *lectio divina*, la Adoración Eucarística o la alabanza. Naturalmente, debemos animarles a asistir a Misa, a la Adoración y a grupos de oración comunitaria. Mejor aún, podemos invitarlos a que nos acompañen a estas actividades. Para las personas en la etapa de búsqueda, es muy poderoso escuchar los testimonios de los nuevos discípulos.

Es difícil e intimidante darnos cuenta de que, como evangelizadores, debemos ser un modelo de lo que significa seguir a Cristo y compartir nuestras experiencias, buenas y malas. Definitivamente a mí me causa ansiedad hablar con alguien más sobre algunas partes de mi propia relación con Dios. Sin embargo, es muy importante que las personas en el umbral de la búsqueda sepan cómo es la vida de un auténtico discípulo de Jesús y que sepan que su lucha es real y que por lo tanto, sus victorias son creíbles y posibles. Es mucho más importante que sepan que nuestra relación con Jesús existe y es real a que crean que es perfecta y que se ajusta a un modelo imaginario de perfección. Piensa cómo podrías compartir tu experiencia de oración. Diles a tus amigos que orarás con ellos. Compárteles la manera en la que los sacramentos, la Misa y la vida de la Iglesia han fortalecido tu relación con Jesús.

El pecado sí importa

Debemos de ayudar a quienes están en el umbral de la búsqueda a confrontar los temas del relativismo, el pecado personal y el "Señorío". Estos tres constituyen la mayor dificultad que la gente moderna tiene con la tradición católica, ya que todos provocan el miedo de perder la autonomía personal. Según Scot McKnight, profesor de estudios bíblicos y teológicos de la Universidad North Park, la conciencia del pecado personal por lo general llega más tarde, sobre todo para los adultos jóvenes (a quienes él llama "iGens" o adultos incipientes):

> La cultura contemporánea no ofrece al "iGen" promedio un entendimiento profundo de lo que es bueno y malo, además de la convicción de que la agresión está claramente mal Debido a las tendencias actuales como el movimiento que promueve la autoestima y el impacto del relativismo, él concluye que los "iGens" son pre-morales. Mann sugiere que estos adultos jóvenes no se sienten culpables, sino que sienten vergüenza por no lograr lo que se supone que logren.[4]

Sin embargo, Dios siempre encuentra una manera para hablarle al corazón que lo busca. De manera interesante, enfocarse en Jesús y en su proclamación del Reino de Dios puede llevar a los adultos jóvenes modernos a tener una conciencia del pecado personal:

> Los "iGens" están dispuestos a escuchar a cualquiera que describe en forma realista una comunidad en la que existe la justicia, el amor, la paz y la santidad. La persona que se esconde tras las murallas del castillo está interesada. He descubierto que aquellos que tienden a esconderse tras esa muralla sienten vergüenza por el pecado social y su sensibilidad hacia cosas como el SIDA, la pobreza y el racismo; inevitablemente les lleva a reconocer el pecado en cada persona. En cierto momento mientras se dirigen hacia la puerta del castillo, el "iGen" descubrirá que el pecado social está vinculado al pecado personal. Repentinamente, él o ella se siente responsable ante Dios.[5]

Podemos ayudar a nuestro amigo a darse cuenta de que la tradición católica respeta la libertad, pero enseña que la libertad está destinada a ser una virtud y que abusar de ella garantizará la pérdida de la libertad.

Por último, debemos ayudar a quienes se encuentran en la etapa de búsqueda a descubrir lo que ellos pueden ofrecernos a nosotros. No olvidemos que en realidad, ellos son colegas y compañeros en un viaje común. Tratémoslos de esta manera, y recordemos que ellos pueden satisfacer alguna necesidad en nuestras vidas.

Discipulado intencional

Una vez que nuestro amigo haya pasado por los umbrales del pre-discipulado, llegará a un punto en el que tendrá que decidir si sigue a Jesús o no. Nadie puede buscar indefinidamente. Los discípulos en el camino de Emaús se dijeron el uno al otro: "¿No sentíamos arder nuestro corazón cuando nos hablaba en el camino y nos explicaba las Escrituras?" (Lucas 24, 32). Nosotros podríamos decir, "¡*No* puedo hacerlo!". El ser humano llega al punto en el que, en total libertad, decide vender todo lo que tiene para comprar la Perla de Gran Valor y convertirse en un seguidor de Cristo (ver Mateo 13, 45-46).

Este es el acto menos pasivo que una persona puede realizar. Para hacerlo, se requiere una búsqueda y un acto intencional de la voluntad. Es por esto que el camino a través de los umbrales es tan importante; nos ha preparado y nos ha llevado hasta este momento decisivo. El converso llega al punto en el que está dispuesto a hacer lo que Simón Pedro, Santiago y Juan hicieron.

> Cuando terminó de hablar, [Jesús] dijo a Simón: "Lleva la barca mar adentro y echen las redes para pescar". Simón respondió: "Maestro, por más que lo hicimos durante toda la noche, no pescamos nada; pero, si tú lo

> dices, echaré las redes". Así lo hicieron, y pescaron tal cantidad de peces que las redes casi se rompían. Entonces hicieron señas a sus amigos que estaban en la otra barca para que vinieran a ayudarles. Vinieron y llenaron tanto las dos barcas, que por poco se hundían. Al ver esto, Simón Pedro se arrodilló ante Jesús, diciendo: "Señor, apártate de mí, que soy un hombre pecador". Pues tanto él como sus ayudantes se habían quedado sin palabras por la pesca que acababan de hacer. Lo mismo les pasaba a Santiago y a Juan, hijos de Zebedeo, compañeros de Simón. Jesús dijo a Simón: "No temas; en adelante serás pescador de hombres". En seguida llevaron sus barcas a tierra, lo dejaron todo y siguieron a Jesús.

Echar tus redes y tomar los primeros pasos hacia el mundo del discipulado intencional es, por tanto, una decisión absolutamente activa. Los amigos, familiares y la comunidad parroquial católica juegan un papel muy importante para ayudar a la persona, bautizada o no, a tomar esta decisión trascendental. En este momento, por lo general es apropiado preguntarle a la persona que está al borde del discipulado intencional si está lista para hacer un compromiso. Esto no significa que estamos "juzgando" a la persona. Más bien, se trata de actuar como embajador de Cristo, el Novio que propone matrimonio a su prometida. Es necesario hacer una elección, tomar una decisión adulta. El derecho y el poder para tomar esa decisión son parte de la dignidad humana.

Es posible que el individuo que está a punto de llegar al discipulado intencional diga que no. Esto no significa que ha llegado el fin del mundo. Si alguien dice que no, lo más natural es preguntar, "¿Por qué no?". En otras palabras, es necesario descubrir cuáles son los obstáculos que no le permiten comprometerse. Luego, trata de hablar sobre esos obstáculos para ayudar a tu amigo a dejarlos de lado por ahora. Es probable que algunas personas en la etapa de búsqueda deseen revisar las etapas del camino que los llevaron a este momento de decisión.

Existe una pregunta común que surge en RICA cuando el camino hacia la conversión no va de acuerdo con nuestro calendario litúrgico (como sucede con frecuencia). ¿Deberíamos animar a alguien a "echar las redes" y seguir a Jesús antes de haber tomado la decisión de entrar a la Iglesia Católica? ¡Claro que sí! De hecho, animar a una persona a convertirse en discípulo va de acuerdo con la opinión de la Iglesia sobre la predisposición bautismal y ayuda a la persona a comprometerse con el cuerpo de Cristo, la Iglesia. Es por eso que es importante ofrecer RICA y pre-catecumenado durante todo el año, ya que hacerlo permite que el equipo pueda responder al trabajo del Espíritu Santo en cada individuo, en lugar de dejar que la urgencia de finalizar durante un tiempo litúrgico determinado obligue a la persona a tomar una decisión prematura.

Por último, no podemos olvidar que la batalla espiritual se intensifica cuando se está a punto de entrar al umbral del discipulado (igual que sucede al entrar al umbral de la apertura). Esta oposición se manifiesta cuando una persona considera esta decisión que tiene consecuencias eternas y temporales. Es posible que surjan obstáculos enormes repentinamente. Por esta razón, es de vital importancia interceder constantemente por aquellos que están tomando esta decisión.

Un ejemplo de lo intensa que puede ser esta oposición es la historia de una joven que entró a la Iglesia a través del Centro Newman en el este de los Estados Unidos. "Jenn" era una jovencita no bautizada que había crecido en un hogar ateo. Uno de sus amigos era un discípulo intencional, y esto despertó su atracción hacia la fe. Jenn hizo muchas preguntas durante su primer año en la universidad. Para el segundo año, anhelaba recibir la Eucaristía. Fue entonces que Jenn comenzó RICA y hasta trajo a una amiga con ella.

Los padres de Jenn se oponían tajantemente y la amenazaron con distanciarse de ella. Sin embargo, Jenn seguía asistiendo a RICA todos los miércoles y a Misa. Su madre se presentó un miércoles y la sacó de la Iglesia gritándole, "¡Te vas a ir al infierno!". A pesar de todo, Jenn perseveró y fue bautizada en la Pascua. Cuando regresó a la casa de sus padres dos semanas después, su madre destruyó todos los artículos religiosos que otras personas le habían regalado. Después de que esto sucediera, Jenn nos llamó y nos dijo, "Yo amo al Señor Jesús y amo ser católica, y eran solamente cosas materiales". Ella nunca vaciló y, con el paso del tiempo, sus padres terminaron por aceptar su decisión. La fe radiante de Jenn inspiró curiosidad sobre la fe católica en varias personas, incluyendo a su novio.

Convertirse en discípulo de origen cristiano

Hasta ahora, hemos estado hablando más que nada sobre personas no cristianas que se convierten al catolicismo. Es claro que muchos adultos que se unen a la fe católica tienen origen cristiano. (Como lo mencioné anteriormente, 2.6% de los adultos estadounidenses —aproximadamente 6.5 millones de personas— se han convertido al catolicismo).[6] Muchos de ellos también están en diferentes etapas del pre-discipulado. Obviamente, haber sido bautizado en una comunidad cristiana de cualquier tipo no siempre resulta en un compromiso con el discipulado.

Otro amigo mío que dirige un equipo de RICA en el sur del país ha tenido experiencias fascinantes con candidatos de origen protestante tradicional:

> Algunos de los que provienen de la denominación evangélica ya tienen una relación con Jesús y desean

> profundizar en ella, pero muchos de los que vienen de iglesias protestantes tradicionales no han considerado el aspecto relacional de su fe Lo que vamos a compartir con ellos es la historia de Jesús, quien vivió entre nosotros. Cuando lo hacemos, la fe católica cobra vida Les hablaremos sobre la historia de la salvación, la Encarnación, las relaciones que Jesús tuvo con sus apóstoles y con otras personas; cómo otros lo buscaban y cómo Jesús es el centro de la vida que viene de Dios Padre.
>
> "Charlotte" tenía un origen cristiano. Lo que despertó su interés por el catolicismo fue que su hijo salía a correr con un muchacho católico. Su hijo pasaba la noche del sábado en la casa de la familia de su amigo y los acompañaba a Misa el domingo. Eso la impresionó, que la fe de esta familia realmente era importante para ellos. Decidió iniciar RICA, y cuando comenzó a tener una relación con Jesús, decidió renunciar a su trabajo en *Planificación Familiar*.

En algunas ocasiones, las personas de origen cristiano que se encuentran en la etapa de búsqueda pasan por los umbrales con mucha rapidez una vez que han establecido confianza. Los procesos y retiros de evangelización basados en la parroquia pueden ayudar a una persona bautizada a pasar de los niveles uno al tres para llegar a "La Zona" (búsqueda seria o discipulado intencional) en un fin de semana. (Analizaremos con atención estos retiros en el capítulo 11).

La vida litúrgica de la Iglesia es ideal para conmemorar la decisión de "echar las redes" y seguir a Jesús, tanto para los individuos como para la comunidad católica en general. Esto puede suceder de muchas formas, como durante la celebración del día de nuestro bautismo o nuestra primera confesión. Muchos procesos y retiros de evangelización incluyen "señaladores", como la renovación de los sacramentos de iniciación o la reafirmación de las promesas bautismales. Las personas convertidas que ya han sido bautizadas y las que son católicas practicantes deberían ser invitadas a estas celebraciones. No hay nada mejor para fomentar una cultura de discipulado que ver surgir en la parroquia a nuevos discípulos de diferentes orígenes.

Cuando un líder todavía no es un discípulo

Un problema práctico que surge con frecuencia es cómo ayudar a los líderes (incluyendo al personal parroquial y diocesano) a manejar sus propios caminos hacia el discipulado. Una de nuestras colaboradoras en el noroeste del país describió su experiencia de esta manera:

> Muchos de los líderes pastorales de nuestra parroquia todavía no comprenden lo que es el discipulado. Invité a nuestra administradora pastoral y a otros miembros del personal de la parroquia al taller "Formación de Discípulos" y algunos vinieron. Dos de los miembros de nuestro equipo regresaron a casa asombrados porque se dieron cuenta por primera vez de que todavía no habían iniciado el camino al discipulado.
>
> Nuestra administradora había tenido una gran oportunidad frente a ella, pero cuando trabajas en el ministerio pastoral, siempre eres el líder y no puedes poner mucha atención a tus propias necesidades emocionales y espirituales. Por lo tanto, ella no tenía a quién acudir con sus necesidades. Ella creció en nuestra comunidad, y todo el mundo la conoce. Solamente hay tres parroquias en nuestra ciudad, y todo el mundo la conoce.

> También teníamos a "George": él tuvo una experiencia muy profunda y estaba realmente entusiasmado. George no sabía a dónde ir y comenzó a participar en todo, dentro y fuera de la parroquia. Él tenía muchas preguntas sobre el discernimiento y sobre la tensión que su conversión había traído a su matrimonio. Sin embargo, no podía encontrar ayuda para poder superar los retos de ser un nuevo discípulo. Yo traté de ayudarlo y comencé a reunirme con él regularmente, pero mis recursos eran limitados. George no ha podido encontrar a alguien local que comprenda su experiencia de ser un discípulo.
>
> Las personas que ocupan cargos de liderazgo y que aún no son discípulos no tienen un lugar seguro en donde puedan satisfacer sus necesidades espirituales. Muchos de ellos me han buscado en privado y me han compartido cosas muy profundas. Para mí es difícil porque tengo un doble papel. Trabajo con ellos y también soy su directora espiritual/confidente.

Como líderes, necesitamos pensar con anterioridad cómo ayudar a manejar el camino al discipulado a *todos* aquellos en nuestra parroquia que aún no son discípulos. Lo que está en juego es extremadamente importante para los individuos, para la comunidad cristiana, para la Iglesia y para el mundo entero.

CAPÍTULO 9

Romper el silencio

Después de mucho tiempo vino el señor de esos servidores y les pidió cuentas. El que había recibido cinco talentos le presentó otros cinco más, diciéndole: "Señor, tú me entregaste cinco talentos, pero aquí están otros cinco más que gané con ellos". El patrón le contestó: "Muy bien, servidor bueno y honrado; ya que has sido fiel en lo poco, yo te voy a confiar mucho más. Ven a compartir la alegría de tu patrón".

MATEO 25, 19-21

Cuando les preguntamos a cientos de líderes diocesanos y parroquiales de sesenta diócesis en el mundo angloparlante, "¿Qué porcentaje de tus feligreses consideras que son discípulos intencionales?", la respuesta común fue "Cinco por ciento". ¿Cómo podemos cambiar esto?

Aunque no podemos hacer que alguien "eche las redes" así como un jardinero no puede hacer que una semilla germine, sí podemos trabajar intencional e inteligentemente para crear un ambiente que conduzca al crecimiento de la fe personal y el discipulado. Podemos moldear la atmósfera, las experiencias, las estructuras y la cultura espiritual de nuestra vida parroquial para que invite al camino que Jesucristo nos pide tomar: seguirlo.

El reto "doble en cinco"

Una de las primeras preguntas que debes hacerte es, ¿qué porcentaje de los feligreses en mi parroquia considero que son discípulos intencionales? Sin importar de la respuesta, *¿qué pasaría si los líderes parroquiales se comprometieran a doblar ese porcentaje de discípulos intencionales en tu parroquia en los siguientes cinco años?* Este es el reto "doble en cinco". Si el 2% de los feligreses en tu parroquia son discípulos intencionales el día de hoy, ¿por qué no tener como objetivo tener un 4% dentro de cinco años? Si tú crees que 5% son discípulos en este momento, ¿qué podrías hacer para elevar ese porcentaje al doble? En todo el país estamos viendo que fijar metas para el discipulado tiene un impacto transformador. Aunque no lleguen a su "objetivo"numérico, la cultura de tu parroquia, sus líderes y las vidas de algunos nuevos discípulos habrán cambiado.

Cuando el Padre Ed Pelrine se convirtió en párroco de la Parroquia de Nuestra Señora del Rosario en Elk Grove, Illinois, en el 2007, calculaba que solamente 2 o 3% de sus feligreses eran discípulos intencionales. Cuatro años después, él estimaba que los discípulos constituían un 7 a 10% del total de sus parroquianos. Esto no es coincidencia. El Padre Ed, junto con Keith Strohm, su director de formación en la fe y el comité de evangelización de la parroquia, fijaron metas muy específicas.

1. Incrementar la participación en nuestras pequeñas comunidades de fe en un 25% para apoyar el discipulado.
2. Ayudar a 15% de los feligreses a convertirse en discípulos intencionales de Jesús para el año 2014.
3. Ayudar a 40% de los feligreses a comenzar su discernimiento de carismas para diciembre del 2013.
4. Ayudar a los feligreses a comprender la importancia de la vocación en la vida cristiana y ofrecer asistencia práctica en la disciplina del discernimiento vocacional creando una "escuela" de discernimiento vocacional para todas las edades antes de febrero del 2013.

Cuando le pregunté a Keith lo que esperaba que sucediera en la Parroquia de Nuestra Señora del Rosario, él me respondió:

> Que casi todos en la parroquia sean discípulos intencionales y que el discipulado esté en el centro de la vida parroquial. Espero que cuando la gente venga, se dé cuenta de que lo más importante es seguir a Cristo y ser enviado a vivir como Él nos lo pide. Espero que esto sea obvio cuando alguien visite nuestra parroquia.

En Michigan, cuando Craig Pohl se incorporó al equipo parroquial en el año 2009, calculaba que entre un 5 a 7% de los feligreses en su pequeña parroquia eran discípulos intencionales. Dos años después, Craig calculaba que el porcentaje se había duplicado a un 10-12%:

> Más de 300 personas pasaron por nuestros talleres de evangelización y ahora escuchamos cosas como "Mi vida ha cambiado para siempre. He encontrado a Cristo". Ya no existe una actitud defensiva frente a

la evangelización. El Padre James me preguntó cómo describiría nuestra situación actual, y las palabras que vinieron a mi mente fueron: “El hierro está caliente en este momento”.

Cuatro pasos para enfrentar el reto

Hay diferentes maneras en las que podemos comenzar a implementar las metas de la evangelización, así es que las que presento a continuación son solamente sugerencias. Tampoco pretendo insinuar que estas metas son incluyentes. Lo que describiré en los siguientes cuatro capítulos son simplemente los primeros asuntos que debe tratar una parroquia que busca hacer discípulos seriamente. Estas sugerencias están basada en las experiencias de líderes parroquiales en todo el país que buscan de manera cuidadosa y sistemática que el discipulado sea la norma en su parroquia.

Los cuatro pasos iniciales son los siguientes:

1. Romper el silencio (como se discute en los capítulos 9 y 10).
    a) Hablar abiertamente sobre la posibilidad de tener una relación con un Dios personal que te ama.
    b) Hablar explícitamente sobre seguir a Jesús.
    c) Preguntar: preguntar a otros sobre su relación con Dios.
    d) Decir: hablar sobre la “Gran Historia de la Salvación” (*Kerigma*).

2. Ofrecer muchas oportunidades para que las personas bautizadas y no bautizadas encuentren personalmente a Jesús en medio de su Iglesia (capítulo 11).
3. Esperar conversiones. Hacer planes para tener

conversiones (capítulo 12).
4. Sentar las bases espirituales mediante la oración de intercesión constante (capítulo 12).

En este capítulo y en el siguiente, exploraremos el primer paso: romper el silencio. En las secciones anteriores, ya he mencionado la necesidad de *hablar* sobre Jesús y sobre una relación con Dios. En el resto de este capítulo, me gustaría enfocarme en el arte de preguntarles a los demás sobre su relación viva con Dios. El capítulo 10 cubrirá el arte de transmitir La Gran Historia de la Salvación a la gente moderna.

Romper el silencio

La costumbre de guardar silencio que existe en la Iglesia Católica puede manifestarse de la manera más extraña. Cuando Sara Silberger, una adolescente embarazada no bautizada, entró a una parroquia con su novio católico, el silencio era abrumador:

> Lo que me molesta es que una adolescente que nunca ha recibido educación religiosa se presenta en una parroquia de un pueblo pequeño semana tras semana, obviamente interesada en la Misa, con un joven que ha sido un miembro activo de la parroquia desde que aprendió a caminar, y nadie se acerca a ella para hablarle de la Buena Noticia. No les costaba nada hacerlo. Nadie dijo, “toma esto, léelo, dime qué piensas”. Nadie se acercó a mí, nadie oró con nosotros o nos dijo que estaba orando por nosotros. No es que piense que soy especial. Es solo que … ¿Qué pensaban? ¿Por qué no se les ocurrió que era importante acercarse a nosotros?

Un amigo mío que es un colaborador pastoral recientemente

describió otra forma en la que se manifiesta el silencio:

> Muchos de los miembros de nuestra parroquia que son nuevos discípulos intencionales no han logrado integrar su "identidad cultural católica" con esta nueva realidad. Pareciera como si se sintieran avergonzados de que en cierto modo ya no son católicos fieles debido a la conversión que han experimentado.

Otro amigo del lado opuesto del país dijo que en su parroquia:

> Debido a la cultura católica, los discípulos con frecuencia esconden la "evidencia" de su discipulado sus "obras", para que nadie los acuse de ser vanidosos. Diría que debido a las fuerzas culturales que ejercen presión sobre los discípulos de hacer las cosas en secreto, este grupo de discípulos no ha tenido necesariamente un impacto directo en la vida de la comunidad.

Mientras que el discipulado y la conversión no sean considerados como una parte normal de la vida parroquial, habrá muchas Saras que entrarán y saldrán intactas de nuestras parroquias y muchos católicos que ya son discípulos continuarán tratando de esconder o de minimizar su fe personal frente a otros católicos. Lo primero que debemos hacer es romper el código de silencio de manera deliberada. La costumbre católica de mantener en silencio la relación personal con Dios, la historia de Jesucristo, nuestras experiencias al seguir a Cristo y la necesidad que todos tenemos de decidir si deseamos convertirnos en discípulos está obstaculizando el surgimiento de una cultura de discipulado y todo lo que puede emanar de ella. Una de las formas más poderosas para desafiar el silencio es crear un ambiente seguro para que otros puedan hablar sobre su relación viva con Dios.

Preguntar: La conversacíon sobre el umbral

Hace trece años, estaba abordando un avivión hacia Burbank, California. Un hombre estaba sentado en mi asiento y disculpándose me dijo que tenía que sentarse en el pasillo porque estaba en tratamiento contra el cáncer y necesitaba tener acceso directo al baño. Yo me senté a su lado, en el que se suponía que era su asiento y le dije, "Si quieres hablar, yo te puedo escuchar. Yo pasé mucho tiempo en el área de oncología de un hospital mientras estudiaba mi maestría. No me voy a asustar".

"Mark" resultó ser un productor de películas familiares y *sí* deseaba hablar con alguien. Así fue como comenzamos una conversación intensa que duró dos horas y media. Hablamos sobre enfermedades mortales, la familia y la esperanza. Después de hablar durante una hora, claramente sentí que el Espíritu Santo me inspiraba a "hacerle *la* pregunta". Así lo hice. "¿Ves a Dios en todo esto?". La conversación se reanudó, ahora con más fuerza. Hablamos sobre Dios, la fe, el cristianismo, la familia, la vida, la muerte y la esperanza. Cuando Mark se bajó del avión me entregó su tarjeta y yo le dije que oraría por él. Mark falleció hace algunos años y yo todavía oro por él.

Una vez que se ha establecido un puente de confianza, la gente puede estar sorprendentemente abierta a tener lo que nosotros llamamos una "conversación sobre el umbral". ¿Qué significa tener una conversación sobre el umbral? Es el primer paso para una evangelización *de escucha*, el momento en el que invitamos a la persona a hablar simple y directamente sobre su relación con Dios. Debemos escuchar en oración, buscando descubrir cómo ha sido su camino espiritual y, de ser posible, en qué umbral se encuentra la persona en ese momento. Si tomamos el tiempo para descubrir en dónde ha estado la persona y en dónde está ahora, seremos capaces de animarla a comenzar su camino hacia el discipulado intencional.

El punto culminante de todos los talleres "Formación

de Discípulos" es tener la oportunidad de participar en una conversación sobre el umbral. Invitamos a todo tipo de personas de la comunidad a compartir su historia con los participantes del taller. Todos son bienvenidos, con *excepción* de los católicos practicantes, porque deseamos que los participantes escuchen a alguien cuya experiencia es completamente diferente a la suya. Antiguos católicos, protestantes, ateos, "ningunas", budistas, miembros de alcohólicos anónimos y familiares y amigos que no son creyentes se han ofrecido como voluntarios para compartir la historia de su relación con Dios. Casi siempre es una experiencia maravillosa y reveladora para ambas partes. Los católicos descubren que nadie va a morir o a traumarse si se habla de Dios y nuestros voluntarios se conmueven de manera sorprendente. ¡En una ocasión un hombre cruzó a un nuevo umbral solamente al describir su experiencia con Dios! Algunos de nuestros voluntarios disfrutan tanto esta conversación que se ofrecen para asistir una y otra vez.

Una conversación sobre el umbral es una herramienta de evangelización simple pero poderosa que rompe el silencio y a la vez plantea todo lo que somos y hacemos como católicos. Es posible tener una conversación sobre el umbral muy fecunda en solo diez minutos, aunque otras duran mucho más si ambas partes tienen el tiempo. La vida parroquial está llena de oportunidades para tener conversaciones sobre el umbral: RICA, programas para católicos que regresan a la Iglesia, retiros, preparación sacramental y matrimonial, formación de la fe para adultos, dirección espiritual y consejería pastoral. Nosotros acostumbramos incorporar cortas conversaciones sobre el umbral durante nuestras entrevistas de discernimiento de dones. Hasta es posible tener este tipo de conversaciones con personas desconocidas durante un vuelo o con familiares, amigos y conocidos, siempre y cuando exista un puente de confianza sólido entre los dos.

Una conversación sobre el umbral es un acto de evangelización abierto, atractivo y fervoroso. Durante dichas conversaciones, debemos escuchar algo más que solo los hechos; necesitamos descubrir la emoción y el significado detrás de la historia. Durante la conversación sobre el umbral, la meta *no* es catequizar o corregir las ideas de la otra persona, sin importar qué tan erróneas sean sus creencias o sus percepciones de la fe o de la Iglesia. También es muy importante recordar que *tener una conversación sobre el umbral no es lo mismo que compartir la fe*. Durante esta conversación, nos enfocamos en escuchar al otro y dejamos de lado la necesidad de compartir nuestra propia historia. Tampoco se trata de dar asesoría, y sin duda una conversación sobre el umbral nunca debe ser crítica.

El ABC de la conversación sobre el umbral

Las conversaciones sobre el umbral son sumamente sencillas. Comenzamos con una pregunta fundamental: *¿Puedes describir tu relación con Dios hasta este momento de tu vida?* o *¿Podrías hablarme sobre tu relación con Dios hasta ahora?* A medida que hemos escuchado a miles de personas, hemos aprendido que la conversación casi siempre toma una de estas direcciones:

1. "Yo no creo en Dios" (atea).
2. "Yo no estoy seguro de que Dios existe" (agnóstica).
3. "Yo creo en un Poder Superior o en una Fuerza Impersonal".
4. "Yo creo en un Dios personal pero no tengo una relación con Él".
5. "Yo creo en un Dios personal y tengo una relación con Él".

Los católicos bautizados pueden contestar con cualquiera de las respuestas anteriores, y de hecho lo hacen. En la quinta categoría,

—"Yo creo en un Dios personal y tengo una relación con Él"— no solo encontramos discípulos intencionales, sino que también encontramos a muchos católicos que no son practicantes, a muchas personas que no son cristianas, y "ningunas"que tienen una relación con Dios pero que no se identifican con alguna tradición o comunidad religiosa. Yo conozco a una mujer bautizada, de origen judío, que dice que tiene una relación con Jesús pero que ya no se considera cristiana. Ella asiste a una sinagoga en la que el rabino es ateo. ¡Cuando le pregunté cómo alimentaba su relación con Cristo, ella me respondió que asistía a un estudio de Biblia evangélico!

Casi siempre hay una gran diferencia entre la relación de la persona con Dios y la "etiqueta" religiosa que utiliza cuando habla con otros. Es por esta razón por la que una de las reglas cardinales de las conversaciones sobre el umbral es "*Nunca se debe aceptar una 'etiqueta' en lugar de la historia*". Siempre debemos de preguntarle a la persona qué quiere decir cuando dice que es una "católica practicante", atea, agnóstica o budista. La gente moderna utiliza términos religiosos o espirituales de forma idiosincrática, y por lo tanto, no nos sirve de nada utilizar las definiciones que normalmente encontraríamos en el diccionario. Cuando alguien se describe como "ateo", es probable que *no* quiera decir que no cree en Dios. Cuando se denomina "agnóstico", quizás *no* quiere decir que no está seguro de que Dios existe.

Por ejemplo, 55% de las personas que se dicen "agnósticas" les dijeron a los encuestadores de Pew que creían en Dios y 14% les dijeron que creían en un Dios personal. El 29% no creían en Dios. Solamente 16% dijeron que "no estaban seguros". El 25% de los "agnósticos" rezan por lo menos varias veces al mes y 37% creen en los milagros. Por lo tanto, si una persona dice ser atea o agnóstica, o si dice que "no cree en nada", eso no significa que la conversación llegó a su fin. Al contrario, apenas comienza.

Hace algunos años, escuché a un pastor protestante contar una historia fascinante. Él conoció a un hombre que comenzaba a asistir a su iglesia. El visitante le dijo al pastor que era "ateo". El pastor sabiamente le respondió, "¿En serio? Cuéntame sobre ese Dios en el que no crees, es probable que yo tampoco crea en Él". Conforme el hombre le contaba su historia, resultó evidente que lo que quería decir cuando declaraba que era un "ateo" era que no creía en el Dios de su hermana, que se había involucrado con un grupo de extremistas y fundamentalistas. El pastor le pudo decir, con toda sinceridad, que él tampoco creía en ese Dios. Luego, el pastor le pidió al visitante que le permitiera hablarle sobre el Dios en el que *él creía*. Tres meses después, el "ateo" se había convertido en un discípulo comprometido y en miembro de la congregación.

Podemos responder a las personas que se describen a sí mismas como "ateas" con preguntas como estas:

- ¿Qué quieres decir cuando dices que eres "ateo"?
- Háblame del Dios en el que no crees.
- ¿Crees en algún *otro* tipo de dios o espíritu universal?

Si la persona contesta "sí" a esta última pregunta, dile "¿Puedes describir al dios en el que *crees*?" y entonces lleva la conversación de acuerdo a su respuesta. Por el contrario, si la persona dice que no cree en ningún tipo de dios, existen algunas maneras para continuar con la conversación. Puedes preguntar:

- ¿Creías en Dios en el pasado? De ser así, ¿por qué ya no crees en Él?
- ¿Haces oración? De ser así, ¿cómo oras? (Sí, ¡algunos "ateos" hacen oración!).
- ¿Qué le da sentido a tu vida?

Algo que es muy importante considerar es esto: *¿La persona tiene un puente de confianza?* Si no tiene un puente de confianza, es probable que tú seas quien tenga que fomentar esa confianza. Para averiguarlo, puedes hacer preguntas como estas:

- ¿Has estado expuesto a alguna religión o espiritualidad en algún momento de tu vida?
- ¿Has asistido a alguna congregación o escuela religiosa?
- ¿Tienes cercanía a alguna persona religiosa o espiritual?
- ¿Crees que algún día podrías creer en Dios? De ser así, ¿cómo sería ese Dios?

En resumen, nuestro objetivo durante las conversaciones sobre el umbral es tratar de escuchar lo que la Iglesia llama las "semillas de la Palabra"[1] y "dejar al descubierto las semillas de la Palabra que permanecen escondidas" en nuestro prójimo. Debemos confiar que "el Espíritu trabaja en el corazón de cada persona, mediante las semillas de la Palabra el Espíritu, pues, está en el origen mismo de la pregunta existencial y religiosa del hombre".[2] Las " 'semillas de la Palabra' constituyen una auténtica 'preparación evangélica'".[3]

Es posible que esta sea la primera vez que alguien le pregunta a esta persona sobre su relación con Dios y que realmente escuche lo que tenía que decir. El simple hecho de hacer esta pregunta plantea la cuestión de una relación con Dios para aquellos que probablemente nunca habían pensado que era posible. Y sorprendentemente, darle a una persona la oportunidad de *decir* lo que realmente piensa no necesariamente refuerza su falta de fe. Cuando la persona tiene la oportunidad de articular lo que cree —quizás por primera vez— es posible que se abra a una nueva perspectiva.

Quizás, después de reflexionar sobre su respuesta, la persona podría no estar satisfecha con ella.

Debemos hacer solamente dos preguntas básicas durante una conversación sobre el umbral. La primera es: "*¿cómo ha sido tu relación con Dios hasta ahora*?" Y la mayoría de las conversaciones sobre el umbral pueden finalizar con esta segunda pregunta: "*si pudieras hacerle una pregunta a Dios, ¿qué le preguntarías?*".

Esta pregunta es importante porque la respuesta por lo general es un reflejo de las dudas, batallas o necesidades de la persona, mismas que tú u otro miembro del equipo parroquial pueden tratar en el futuro con ella. Por ejemplo, es posible estructurar la parte del pre-catecumenado del RICA de acuerdo a las dudas que surgieron durante las conversaciones sobre el umbral para ayudar a la persona a pasar a los umbrales de la curiosidad, apertura y hasta búsqueda.

A medida que la persona habla con nosotros, es importante escuchar con atención para descubrir los siguientes puntos:

- ¿Crees en Dios?
- ¿En qué *clase de Dios* crees? (¿Personal o impersonal?).
- ¿Crees en la *posibilidad* de tener una relación con este Dios?
- ¿*Tienes una relación* con este Dios? ¿Qué tipo de relación?
- ¿Perteneces a alguna tradición religiosa? ¿Cuál? ¿Eres cristiano?
- ¿Existe algún puente de confianza en tu vida relacionado con Cristo, la Iglesia, la fe o un cristiano comprometido que conoces?
- ¿Tienes una relación con Jesucristo?
- ¿En qué umbral te encuentras? ¿Confianza? ¿Curiosidad? ¿Apertura? ¿Búsqueda? ¿Eres un discípulo intencional?

- Si no eres un discípulo, ¿cómo puedo ayudarte a tomar el siguiente paso en tu camino hacia el discipulado?

Durante la conversación, nuestra mente debe funcionar en dos niveles a la vez. Debemos asimilar lo que la persona nos está compartiendo (lo que puede resultar muy emotivo o muy difícil), y también debemos buscar los momentos más importantes de su camino espiritual. La gente puede iniciar y terminar una conversación sobre el umbral de manera *muy natural* dentro de otra conversación más larga. De hecho, la parte de la conversación relacionada a los umbrales puede durar cinco o diez minutos. Durante esta parte, responde a cualquier pregunta brevemente y luego haz otra pregunta que invite a la persona a compartir más sobre su historia. Deja que cada persona comience a compartir su historia en el orden que a ella le parezca. Si algo no te queda claro, haz las preguntas necesarias. Si la otra persona desea cambiar el tema, permíteselo. Confía a Dios los frutos de la conversación.

Naturalmente, además de escuchar las historias personales de la gente, nosotros debemos compartir la gran *historia*, la Historia de la Salvación que despierta la fe inicial y el discipulado.

CAPÍTULO 10

Decir: La "Gran Historia de la Salvación"

Cristo Jesús se rebajó a sí mismo haciéndose obediente hasta la muerte, y muerte de cruz. Por eso Dios lo engrandeció para que al Nombre de Jesús toda lengua proclame que Cristo Jesús es el Señor, para gloria de Dios Padre.

Filipenses 2, 5, 7-11

Mi amigo Mark Shea tuvo una experiencia que ilustra el nivel de educación espiritual de los estadounidenses del siglo XXI. Mark estaba en su trabajo cuando en el radio de una de sus compañeras comenzó la canción "*If God Was One of Us*" (Si Dios fuera uno de nosotros) de Joan Osborne. Su compañera se quedó pensativa por un momento y luego dijo, "¿No crees que esta sería una buena historia?". Mark le respondió "¿Qué?"

Ella le dijo, "*Imagínate que Dios se convirtiera en humano.*

¿No crees que sería una historia grandiosa?".

Esta mujer era una profesionista con un título universitario que vivía y trabajaba en una de las grandes metrópolis de un país repleto de cristianos. Ella se sorprendió cuando Mark le explicó que su "idea" era de hecho "*La Gran Historia de la Salvación*" que ha dominado la cultura occidental por los últimos 2,000 años.

Una cosa debe quedarnos muy clara: El propósito de la evangelización no es despertar una "fe" genérica. Los evangelizadores buscan llevar a la gente a un encuentro con la persona de Jesús de Nazaret, nacido de la Virgen María, crucificado bajo el poder de Poncio Pilato y resucitado de entre los muertos. Nuestro propio testimonio puede ayudar a ilustrar algunos aspectos de la historia de Jesús, *pero no puede sustituir la historia de Jesús.* Tal y como el Padre Cantalamessa dijo en su predicación frente al Papa Benedicto en la Casa Pontificia:

> ¡Para *re-evangelizar* el mundo *post-cristiano* es indispensable, creo, conocer el camino seguido por los apóstoles para *evangelizar* el mundo *pre-cristiano*!
>
> La predicación, o el *kerigma*, es llamada el "evangelio"; la enseñanza, o *didaché,* en cambio es llamada la "ley", o el mandamiento, de Cristo, que se resume en la caridad. De estas dos cosas, la primera —el *kerigma*, o evangelio— es lo que da origen a la Iglesia; la segunda —la ley, o la caridad— que brota de la primera, es lo que traza a la Iglesia un ideal de vida moral, que "forma" la fe de la Iglesia. En este sentido, el Apóstol distingue su obra de "padre" en la fe, frente a los corintios, de la de los "pedagogos" llegados detrás de él. Dice: "He sido yo quien, *mediante el Evangelio*, os engendró en Cristo Jesús" (1 Corintios 4,15).
>
> *La fe, por lo tanto, como tal, florece solo en presencia del kerigma*, o del anuncio. "¿Cómo podrán creer —escribe el

> Apóstol hablando de la fe en Cristo— sin haberle oído?
>
> ¿Cómo podrán oírle sin que se les predique?" (Romanos 10, 14). Literalmente: "sin alguno que proclama el *kerigma*" (*choris keryssontos*). Y concluye: "Por tanto la fe viene de [la escucha de] la predicación" (Romanos 10, 17), donde por "predicación" se entiende la misma cosa, esto es, el "evangelio" o el *kerigma*.[1]

Si la fe cristiana solamente florece en la presencia del *kerigma*, ¿qué significa esto para nuestra práctica pastoral? ¿Cómo va a creer nuestra generación si no hay alguien que proclame el *kerigma*? No podemos asumir que la gente a nuestro alrededor ya conoce la Historia de la Salvación. Por el contrario, debemos asumir que (a) muchos no conocen los hechos fundamentales de la Historia; (b) mucho de lo que ellos "saben" puede estar equivocado; (c) ellos no saben integrar todas las partes de la historia; y (d) no saben el significado que esta historia tiene para ellos de manera personal. Tampoco saben lo que esta historia significa para su familia, amigos, vecinos, compañeros de trabajo y para el mundo entero.

Para estar seguros, hablar sobre la historia de la salvación requiere que respetemos la situación religiosa y espiritual en la que cada persona se encuentra. Debemos ser sensibles al ritmo en el que la gente avanza en las etapas del pre-discipulado. Debemos respetar sus conciencias y sus convicciones. Sin embargo, tenemos la obligación de brindarles la oportunidad de tomar la decisión espiritual de seguir a Cristo. Debemos respetar su derecho a escuchar la Buena Nueva de la Salvación.[2]

La Gran Historia de la Salvación y el desarrollo espiritual

En la vida de toda persona, existen dos dinámicas fundamentales: (1) el camino espiritual de la persona a través de los umbrales y (2) su conocimiento sobre la Gran Historia de la Salvación de Jesús. Una persona puede conocer o desconocer el *kerigma*, dependiendo de las circunstancias en las que se encuentra, de su apertura al Espíritu y de las oportunidades que se le presentan.

Por ejemplo, Daniel Moore, el joven adicto a las metanfetaminas, vivía en una constante batalla y *sabía* que estaba en pecado y que estaba lastimando a otras personas. Aunque Daniel siempre se había considerado católico, no recibió el bautismo sino hasta los diecinueve años, y lo que sabía sobre el *kerigma* se limitaba a algunos fragmentos distorsionados de frases protestantes que sus amigos mencionaban en ocasiones. La disposición de Daniel para un cambio personal sobrepasaba su conocimiento sobre la Historia de la Salvación.

Hay personas que conocen los "hechos" de la Historia pero que desconocen su significado porque no han llegado al umbral de la confianza, mucho menos al de apertura o búsqueda. Un amigo mío que dirige un grupo de católicos que se encuentran en la etapa de búsqueda fue testigo de esta interacción hace varios años:

> Una de las participantes realmente se abrió con nosotros. Ella es una discípula que ha sido católica toda su vida. Conoció a Jesús mediante varios eventos evangélicos a los que asistió. Actualmente ella tiene un pie dentro de la Iglesia Católica y otro dentro del mundo evangélico. Casi no confía en la Iglesia Católica, ya que no comprende la razón por la que la mayoría de los católicos no tienen una relación con Jesús y porque no ve que la Iglesia produzca individuos que tengan una relación con Jesús.
>
> Ella nos compartió con mucha emoción que quisiera saber por qué los católicos no pueden ni siquiera descansar en el amor del Señor, seguros, sabiendo que han sido salvados. Luego agregó, "Si me alejo de la Iglesia, lo haré

> por esta razón: que no podemos descansar en el amor del Señor. No me parece correcto que siempre debamos de preocuparnos si vamos a estar con Dios para siempre".
>
> Lo que me pareció fascinante es que ella creía que todos los católicos se preocupaban por su salvación. Y en realidad, ¡los demás católicos en el grupo casi no mostraban preocupación sobre su salvación! Nadie "comprendía" lo que es la salvación y cómo se recibe. No se mencionaba a Jesús, ni se hablaba de cómo la salvación se relaciona con su pasión, muerte y resurrección. Era como si simplemente "saber" sobre Jesús era algo importante, pero nadie sabía por qué.

A final de cuentas son las dos cosas —tener un corazón abierto y responder a la Historia de la Salvación— lo que permite que un individuo pueda declarar con fe, "Jesús es el Señor". De hecho, las dos son interdependientes: aprender más sobre Jesús por medio de su historia puede motivar a la gente a finalizar su camino espiritual, mientras que avanzar por los umbrales les permite conocer la historia de Jesús de manera integral y responder a ella.

Adecuar La Gran Historia de la Salvación para nuestra audiencia

San Pablo hablaba sobre ser "todo para todos" (1 Corintios 9, 22). Los fundamentos del *kerigma* no varían, sin embargo, debemos hacernos estas preguntas: *¿Qué partes* de la Historia necesita escuchar esta persona, o esta familia, o este grupo? *¿Cuándo* y *en qué orden*? Esto puede variar, dependiendo de su punto de inicio, de las lagunas en su conocimiento y de sus dudas y preocupaciones. Debemos preguntar lo siguiente:

1. ¿La persona conoce los "hechos" fundamentales de la historia?

2. ¿Ha logrado atar todos los cabos? ¿Comprende la Historia de la Salvación de manera integral?
3. ¿Comprende el significado personal de la Historia?
4. ¿Cuál ha sido su respuesta a la Historia de la Salvación?

Para los católicos, es desconcertante darse cuenta de que los fundamentos del *kerigma* (que despierta la fe cristiana y conduce a la Iglesia) no tratan propiamente *sobre* la Iglesia. He conocido a muchos católicos que temen que si les hablamos sobre Jesús, los católicos dejarán la Iglesia atraídos por el descubrimiento de que es posible tener una relación personal y comunitaria con Dios.

Debemos aceptar la realidad de que, en los Estados Unidos, *si nosotros no evangelizamos a nuestra gente, alguien más lo hará*: los evangélicos, los mormones o los cristianos independientes. *El Atlas del Cristianismo Global* calcula que diariamente se reciben 314 millones de "ofertas de evangelización" en los Estados Unidos. Eso significa un promedio de *más de una "oferta" por cada persona*, y la mayoría de estas "ofertas" están dirigidas a gente que ya está bautizada.[3] Si no predicamos el *kerigma* en nuestras parroquias, la gente *escuchará* otra versión fuera de la Iglesia y probablemente llegarán a la conclusión de que no lo pueden encontrar dentro de la religión católica. Nuestra costumbre de *no* hablar sobre la Historia de la Salvación de manera clara y convincente *en* nuestras parroquias ha contribuido a que la gente tenga una mentalidad de "Jesús y yo".

Lo que sigue es organizar una breve descripción de la Historia de la Salvación teniendo en mente a la gente moderna. *No* es necesario que la gente escuche los "actos" de la Historia en este orden particular. Tampoco es necesario que escuchen la Historia completa en una sola ocasión. Es posible que la mayoría de las personas que se encuentran en los umbrales de confianza y curiosidad solo sean capaces de asimilar ciertas partes de todo el *kerigma* a la vez. A final de cuentas, la persona necesitará estar familiarizada con todos los "actos" y comprender el *kerigma* en su totalidad antes de que pueda tomar la decisión de seguir a Jesús como su discípulo. Algunas de las personas a las que les hablamos de la Historia han sido católicas toda su vida, pero todavía no son discípulas, mientras que otras ni siquiera han sido bautizadas o no tienen orígenes cristianos. Todos tienen derecho a escuchar la Buena Nueva. Todos necesitan escucharla. Sin embargo, la parte por la que *comenzamos* a compartir la Historia puede variar, dependiendo de nuestra audiencia.

La Gran Historia de la Salvación en nueve actos

Acto 1: El Reino

La versión del *kerigma* que yo escuché por primera vez durante mi niñez fundamentalista en el Sur de los Estados Unidos comenzaba con "Dios te ama" y continuaba con "Este es el problema: eres un pecador". Esto todavía funciona en la región del país conocida como el "Cinturón Bíblico". (Nota del traductor: El *"Bible Belt"* es un término coloquial utilizado para referirse a una extensa región de los Estados Unidos donde el cristianismo evangélico tiene un profundo arraigo).

Mi amiga Barbara Elliott es la fundadora de WorkFaith Connection en Houston, Texas. Esta organización ayuda a los adultos que viven en situaciones de pobreza o que han vivido en las calles; también ayuda a encontrar un trabajo digno para las personas que han estado en prisión o desempleadas. Barbara señala que no tiene que convencer a la mayoría de los adictos y prisioneros que llegan a WorkFaith Connection de que son pecadores. Ellos lo saben y están buscando redención. Sin embargo, muchas personas de mi ciudad natal de Seattle creen que la idea del "pecado personal" es ridícula e incomprensible.

Cuando compartamos el *kerigma* con un joven de Los Ángeles o Nueva York que solamente ha escuchado versiones distorsionadas desde su nacimiento, seguramente tendremos que comenzar el anuncio de la Buena Nueva por otra parte.

Jesús comenzó su ministerio terrenal dentro del contexto judío de su época proclamando el Reino de Dios (ver Mateo 4, 17). Lo que era convincente para los judíos del primer siglo también puede ser interesante en el Occidente del siglo XXI. Los adultos modernos que no creen en el pecado personal por lo general conocen el pecado estructural y por lo tanto, la idea del Reino de Dios les atrae mucho. Es por eso que considero que "El Reino" es el primer "acto" de la Gran Historia de la Salvación. Sin embargo, debemos recordar que es probable que este no sea el mejor lugar de inicio para todos. La parte en la que debemos de comenzar depende de la necesidad y la apertura espiritual de la persona con la que estamos compartiendo. Es por eso que yo considero que el punto de inicio es "variable'.

La proclamación del Reino atrae a aquellos que todavía no confían y a los que ya se encuentran en los umbrales de confianza o curiosidad, al igual que atraía a las primeras personas que escucharon el mensaje de Jesús. En esta proclamación, declaramos que Dios es amor. Dios ha creado para nosotros una vida con Él, llena de amor, paz, verdad, belleza, bondad y significado. Esta vida comienza hoy, perdura para siempre y no se nos puede arrebatar. Esta es la vida que Jesús predicó y que llamaba el Reino de Dios.

Acto 2: Jesús, el rostro del Reino

La vida del Reino puede ser un "puente de confianza" muy poderoso que lleva hacia Jesús. El segundo acto de nuestra historia se dirige principalmente a aquellos que se encuentran en el umbral de la curiosidad. Jesús no solo es el gran profeta o el presentador del Reino, *Él* es la presencia del Reino. El "reino brilla ante los hombres en la palabra, en las obras y en la presencia de Cristo".[4] Este es un pasaje de la Biblia que despierta la curiosidad:

> Llegó a Nazaret, donde se había criado, y el sábado fue a la sinagoga, como era su costumbre. Se puso de pie para hacer la lectura, y le pasaron el libro del profeta Isaías. Jesús desenrolló el libro y encontró el pasaje donde estaba escrito:
>
> > "El Espíritu del Señor está sobre mí. Él me ha ungido para llevar buenas noticias a los pobres, para anunciar la libertad a los cautivos y a los ciegos que pronto van a ver, para poner en libertad a los oprimidos y proclamar el año de gracia del Señor".
>
> Jesús entonces enrolló el libro, lo devolvió al ayudante y se sentó, mientras todos los presentes tenían los ojos fijos en él. Y empezó a decirles: "Hoy se cumplen estas palabras proféticas y a ustedes les llegan noticias de ello" (Lucas 4, 16-21).

Si les ayudamos a encontrar las enseñanzas del Reino en la persona de Jesús de Nazaret, las personas que sienten cierta curiosidad por el *Reino* pueden fácilmente sentir curiosidad por Jesús, el *hombre*. Como evangelizadores, siempre debemos recordar que "El Reino de Dios no es un concepto, una doctrina o un programa sujeto a libre elaboración, sino que es ante todo una persona que tiene el rostro y el nombre de Jesús de Nazaret, imagen del Dios invisible".[5]

Acto 3: Jesús, el Reino en palabra y en obra

Jesús es el rostro del Reino, no solamente porque anuncia el Reino, sino también porque realiza las obras del Reino. Jesús revela el amor del Padre y la naturaleza del Reino de Dios mediante cada una de sus palabras y obras. Jesús responde con franqueza a los mensajeros enviados por Juan Bautista, que se encuentra consumiéndose en una prisión y luchando (como muchas personas modernas en la etapa de búsqueda) con la pregunta, "¿Eres tú el que ha de venir o tenemos que esperar a otro?" (Lucas 7,20):

> En ese momento Jesús curó a varias personas afligidas de enfermedades, de achaques y de espíritus malignos y devolvió la vista a algunos ciegos. Contestó, pues, a los mensajeros: "Vuelvan y cuéntenle a Juan lo que han visto y oído: los ciegos ven, los cojos andan, los leprosos quedan limpios, los sordos oyen, los muertos se despiertan, y una buena nueva llega a los pobres. Y ¡dichoso aquél para quien yo no soy un motivo de escándalo!" (Lucas 7,21-23).

Existen dos obras que son características del ministerio terrenal de Jesús: sanación y perdón. Estas obras significan que en el Reino ya no habrá enfermedad o sufrimiento y que la misión de Jesús es transformar a la gente, liberarla del pecado y hacerla plena en cuerpo y espíritu. Él hace esto evidente cuando sana al paralítico:

> Jesús leyó sus pensamientos y les dijo: "¿Por qué piensan ustedes así? ¿Qué es más fácil decir: 'Tus pecados te quedan perdonados', o decir: 'Levántate y anda'? Sepan, pues, que el Hijo del Hombre tiene poder en la tierra para perdonar los pecados" Entonces dijo al paralítico:

> "Yo te lo ordeno: levántate, toma tu camilla y vete a tu casa". Y al instante el hombre se levantó a la vista de todos, tomó la camilla en que estaba tendido y se fue a su casa dando gloria a Dios. Todos quedaron atónitos y alababan a Dios diciendo: "Hoy hemos visto cosas increíbles". Pues todos estaban sobrecogidos de un santo temor (Lucas 5, 22-26).

Los milagros sanadores de Jesús y la autoridad con la que perdonaba los pecados hizo que surgiera la pregunta sobre su divinidad — "*¿Quién es este?*" — y naturalmente le sigue otra pregunta, "*Si Jesús es Dios, ¿qué significa esto?*". Esta es la razón por la que no hay ningún momento en el Nuevo Testamento en el que Jesús sea recibido con indiferencia o aburrimiento. Su presencia siempre provoca un cuestionamiento intenso o una profunda hostilidad. Su presencia lleva a aquellos que se encuentran llenos de curiosidad hacia el umbral de la apertura (o inclusive los lleva a cruzarlo) para reflexionar sobre el misterio de su pasión.

Acto 4: Jesús abraza la cruz

En el umbral de la apertura, la persona en búsqueda por lo general está lista para enfrentarse al hecho de que el ministerio de Jesús no trae como resultado el "éxito" como lo entiende el mundo, sino que más bien resulta en el misterio de su rechazo, traición, crucifixión y muerte. Sin embargo, Jesús abraza la cruz en obediencia al Padre *por nosotros*, como el medio para nuestra salvación y para que podamos tener acceso a la vida de Dios. Él mismo testifica:

> El Padre me ama porque yo doy mi vida para retomarla de nuevo. Nadie me la quita, sino que yo mismo la entrego. En mis manos está el entregarla y el recobrarla: éste es el mandato que recibí de mi Padre (Juan 10, 17-18).

y

> Hagan como el Hijo del Hombre, que no vino a ser servido, sino a servir y dar su vida como rescate por muchos (Mateo 20, 28).

Pero la cruz no es el final:

> Luego comenzó a enseñarles que el Hijo del Hombre debía sufrir mucho y ser rechazado por los notables, los jefes de los sacerdotes y los maestros de la Ley, que sería condenado a muerte y resucitaría a los tres días (Marcos 8, 31).

Acto 5: Resurrección, Ascensión, Vida Nueva, Adopción y el Reino

Confrontar los relatos bíblicos de la resurrección de Jesucristo es particularmente significativo para aquellos que se encuentran en los umbrales de apertura y búsqueda. El Nuevo Testamento es completamente claro: La totalidad del mensaje Cristiano depende de la Resurrección de Jesucristo:

> Y si Cristo no resucitó, nuestra predicación no tiene contenido, como tampoco la fe de ustedes Y si Cristo no resucitó, de nada les sirve su fe: ustedes siguen en sus pecados. Y, para decirlo sin rodeos, los que se durmieron en Cristo están totalmente perdidos. Si nuestra esperanza en Cristo se termina con la vida presente, somos los más infelices de todos los hombres (1 Corintios, 14, 17-19).

La Resurrección es un evento histórico. Jesús se apareció a

muchos testigos, y el Nuevo Testamento y la tradición de la Iglesia dan fe no solo de su testimonio, sino de la calidad de sus vidas como testigos honestos del Cristo resucitado. Las personas en la etapa de búsqueda pueden estudiar la evidencia histórica de la Resurrección y descubrir cuán poderosa es. Al sentirse satisfechas, pueden avanzar hacia los desafíos personales de lo que la Resurrección significa para cada ser humano.

Como Dios asumió nuestra naturaleza humana, la vida perfecta de amor y obediencia de Jesús, su muerte y resurrección *por nosotros*, rompen las cadenas del pecado y de la muerte. Como la Iglesia nos enseña, "El Hijo de Dios con su encarnación se ha unido, en cierto modo, con todo hombre".[6]

Ahora, en su resurrección Él abre el camino para nuestra propia resurrección y para una nueva vida para todos: "Todos mueren por estar incluidos en Adán, y todos también recibirán la vida en Cristo" (1 Corintios 15,22). Esto nos lleva al siguiente acto de la Historia de la Salvación.

Acto 6: Jesús me pide que lo siga

Para aquellos en los umbrales de la apertura y de la búsqueda, Jesús utiliza el mismo lenguaje que utilizó con Simón y con Andrés:

> Mientras Jesús caminaba a orillas del mar de Galilea, vio a dos hermanos: uno era Simón, llamado Pedro, y el otro Andrés. Eran pescadores y estaban echando la red al mar. Jesús los llamó: "Síganme, y yo los haré pescadores de hombres". Al instante dejaron las redes y lo siguieron (Mateo 4, 18-20).

El mandato de "seguir" es uno que escuchamos una y otra vez en los Evangelios. Jesús no lo dirige a todos, sino a aquellos que realmente lo buscan. En ocasiones Él advierte que aquellos que todavía no están abiertos deben calcular el precio. En resumen, el llamado se predica sobre la premisa de que el discipulado no es algo que solo "sucede" sino que es una decisión real que requiere de todos los recursos intangibles del corazón, mente y fortaleza que podamos reunir. Seguir a Jesús significa obedecer su llamado a renunciar al mal camino, como lo hicieron Simón y Andrés, "porque el Reino de los Cielos está ahora cerca" (Mateo 4, 17).

Acto 7: El pecado personal y el perdón

Reconocer el pecado personal y la necesidad de perdón viene más tarde en el camino de aquellos que comparten la perspectiva del mundo. Puede ser difícil comprender el significado del pecado personal porque pareciera que es un ataque dirigido a uno mismo. Scot McKnight decía lo siguiente sobre las personas que entran a la edad adulta ("iGens"):

> Para que una persona pueda sentirse culpable, debe tener un sentido propio de la moralidad. Pero la moralidad necesita distinguir claramente lo que está bien y lo que está mal, y necesita distinguir claramente lo que es verdad y lo que es falso. La cultura contemporánea no ofrece al "iGen" promedio una idea profunda de lo que está bien y lo que está mal más allá de la convicción de que atentar contra el propio ser es algo claramente malo.[7]

El Reino, con su revelación profética sobre el pecado estructural, con frecuencia funciona en el siglo XXI como la puerta de entrada hacia la realidad del pecado personal. Como señala el *catecismo*, el pecado social nace, se alimenta y se sostiene por los actos y decisiones pecaminosas de los individuos (*CIC* 1869), incluyéndonos a nosotros. La persona en la etapa de búsqueda debe confiar en Jesús para poder reconocer lo que dice San Juan: "Si decimos que no tenemos pecado, nos estamos engañando a nosotros mismos, y la verdad no está en nosotro" (1 Juan 1, 8).

El perdón de los pecados, y por tanto nuestra necesidad de reconocer nuestro pecado, se encuentra en el núcleo del Evangelio: "Todo esto estaba escrito: los padecimientos del Mesías y su resurrección de entre los muertos al tercer día. Luego debe proclamarse en su nombre el arrepentimiento y el perdón de los pecados, comenzando por Jerusalén, y yendo después a todas las naciones, invitándolas a que se conviertan" (Lucas 24, 46-47). Por lo tanto, debemos afrontar y arrepentirnos del pecado —*nuestro pecado personal* que yace en la raíz de las grandes estructuras del pecado social— ya que Cristo padeció, murió y resucitó de entre los muertos para el perdón de nuestro pecado personal.

Acto 8: Echar las redes

Cuando la persona en el umbral de la búsqueda se encuentra a un paso del discipulado, se encuentra en la misma situación en la que se encontraba Pedro cuando se enfrentaba al reto de determinar quién era Jesús:

> Jesús se fue a la región de Cesárea de Filipo. Estando allí, preguntó a sus discípulos: "Según el parecer de la gente, ¿quién es este Hijo del Hombre?". Respondieron: "Unos dicen que eres Juan el Bautista, otros que eres Elías o Jeremías, o alguno de los profetas". Jesús les preguntó: "Y ustedes, ¿quién dicen que soy yo?". Pedro contestó: "Tú eres el Mesías, el Hijo del Dios vivo". Jesús le replicó: "Feliz eres, Simón Barjona, porque esto no te lo ha revelado la carne ni la sangre, sino mi Padre que está en los Cielos" (Mateo 16, 13-17).

Como dice San Pablo, "Nadie puede decir: '¡Jesús es el Señor!', sino con el poder del Espíritu Santo" (1 Corintios 12, 3). El discípulo coopera con el Espíritu Santo y toma una decisión consciente que requiere fe en Jesucristo como Dios, con la intención de seguirlo en lo que la Iglesia llama "la obediencia de la fe". El discipulado se expresa por el arrepentimiento del pecado personal y por el bautismo en la vida, muerte y resurrección de Jesús y su cuerpo en la tierra, la Iglesia; o mediante la renovación de la gracia bautismal por medio de la confesión y el regreso a la práctica de la fe.

Acto 9: La vida de discipulado

El nuevo discípulo ya está listo para comenzar una nueva vida siguiendo a Cristo mediante el poder del Espíritu Santo en el corazón de su Iglesia para el bien del mundo. Sara Silberger, una mujer que acaba de recibir el bautismo, habla por muchas personas que acaban de comenzar una relación con Dios y que inician su camino de discipulado.

> Desearía que los cristianos de toda la vida, sobre todo los católicos de toda la vida, pudieran comprender por solo un instante lo que significa sentirse perdido. Es difícil de explicar Antes de comenzar este proceso, yo me consideraba una persona feliz, segura de mi misma, orgullosa de mi vida y de la manera en la que la vivía. Sin embargo, no se compara a la situación en la que me encuentro ahora.
>
> Todo era tan diferente, vivía en la soledad. La gente se refiere al discipulado católico como un camino solitario; yo también lo hago en ocasiones, y es realmente frustrante y tonto. No tiene por qué ser así. Sin embargo, cuando no tienes a Dios, la soledad es diferente, es más profunda. Cuando estaba en esa situación, ni siquiera sabía que estaba sola porque no tenía idea que me faltaba alguien.

CAPÍTULO 11

Encontrar a Jesús de manera personal dentro de su Iglesia

¿En qué te beneficia que Cristo se haya hecho carne, a menos que entre en tu alma?

ORÍGENES[1]

Una vez que han roto el silencio, las parroquias evangelizadoras necesitan buscar la manera en la que puedan convertir los ministerios que ya existen en su comunidad en oportunidades de evangelización. El segundo paso para crear una cultura de discipulado es *crear múltiples oportunidades para que la gente pueda encontrar a Jesús de manera personal dentro de su Iglesia*. Esto puede lograrse

- mediante una relación con un discípulo;
- mediante las Escrituras: lectura, estudio, *lectio divina*;

- mediante las enseñanzas de la Iglesia: formación, catequesis, educación religiosa;
- mediante la evangelización, la predicación y la formación;
- mediante la liturgia y la música centrada en la oración;
- mediante los sacramentos;
- mediante un proceso de pre-catecumenado y de RCIA basados en la evangelización;
- mediante la imitación de las obras de Jesús, sobre todo el trabajo con los pobres y con los que sufren;
- mediante el encuentro con la presencia real (Adoración Eucarística);
- mediante la oración personal;
- mediante la experiencia de sanación en el nombre de Jesús;
- mediante retiros y cursos de evangelización;
- mediante el discernimiento y ejercicio de los carismas;
- mediante la hospitalidad: recibir al desconocido como si fuera el propio Jesús;
- mediante la experiencia de una comunidad cristiana centrada en el discipulado;
- mediante la belleza: las artes, la música, la arquitectura, los medios de comunicación;
- mediante las vidas y oraciones de los santos;
- mediante las oraciones y devociones;
- mediante una buena tienda de libros o biblioteca.

Necesitamos tener una gran diversidad de oportunidades porque no existe una fórmula milagrosa. Necesitamos tener disponibles diferentes caminos o puertas que lleven al discipulado para que la gente pueda encontrar por lo menos una forma para acercarse a Cristo. En lugar de pensar que todos estos ministerios trabajan de manera independiente, debemos considerar a todos los ministerios de la parroquia a la luz de nuestro llamado a formar discípulos. Si tenemos esta misión en mente y conocemos bien los umbrales, comenzaremos a descubrir excelentes oportunidades. Nos daremos cuenta de que casi todo lo que hacemos puede "adecuarse" para tener un mayor impacto evangelizador.

Craig Pohl y su equipo en Michigan están experimentando muchos frutos tras hacer lo anterior:

> Cada uno de nuestros programas tiene un objetivo: llevar a la gente a tener un encuentro con Jesucristo, no importa si ya han tenido un encuentro en el pasado. Hace cinco años volvimos a comenzar un estudio bíblico para estudiantes de preparatoria. Comenzamos con cuatro muchachos del grado doce: se reunían, estudiaban y pedían a Dios que se les unieran otros estudiantes. Actualmente, una cuarta parte de todo el alumnado, 110 muchachos, llegan a la escuela una hora antes de que inicien las clases. Los jóvenes leen el Evangelio, se dividen en grupos pequeños y hablan de las Escrituras. ¡Es increíble!
>
> También tuvimos una reunión de oración con la Eucaristía expuesta en el altar. Fue algo explosivo. Luego el Padre proclamó el Evangelio. El sacerdote tomó la Eucaristía y caminó por en medio de todos bendiciendo a la gente. Pudimos notar que las personas que asistieron salieron de ahí llenos de valentía. Vamos a comenzar a ofrecer estas reuniones de oración una vez al mes.

Utilizar lo que Dios nos ha dado

Existen muchas herramientas muy poderosas para evangelizar

en el "taller del Reino", también conocido como tu parroquia. Algunas iniciativas como las que listo a continuación son perfectas para nuestra labor de pre-evangelización. Pueden ser ocasión para construir o restablecer la confianza, despertar la curiosidad espiritual y ayudar a la gente a estar abierta a un cambio:

- Pre-catecumenado
- Programas para católicos que regresan a la Iglesia
- Formación en la fe/educación religiosa (para todas las edades)
- Pequeñas comunidades cristianas de todo tipo
- Ministerios de justicia social y servicio para la comunidad en general
- Liturgia: sobre todo en Navidad y Pascua, Adviento y Cuaresma, cuando muchos católicos regresan a la Iglesia
- Misiones parroquiales y otros eventos especiales para la evangelización y catequesis (como mostrar una serie de DVDs sobre el catolicismo o traer a un predicador especial)
- Eventos sociales
- Consejería pastoral y dirección espiritual
- Escuelas católicas
- Preparación para el matrimonio y retiros
- Bibliotecas y tiendas de libros
- Páginas Web, blogs y redes sociales

Además, todas las parroquias cuentan con estructuras que ofrecen excelentes oportunidades para proclamar el *kerigma*. Estas incluyen:

- RICA;
- programas para católicos que regresan a la Iglesia;

- liturgia/homilía;
- formación en la fe/educación religiosa (para todas las edades);
- misiones parroquiales y otros eventos especiales para la evangelización y catequesis;
- pequeñas comunidades cristianas/grupos de estudio/grupos de oración;
- capacitación para la evangelización: cómo compartir nuestra fe con los demás;
- apologética;
- retiros y experiencias parroquiales de evangelización para las personas que asisten a la Iglesia y para las que no lo hacen (de todas las edades);
- consejería pastoral, dirección espiritual, reconciliación (confesión).

Este es un ejemplo de cómo las cosas pueden cambiar cuando vemos la predicación a través del lente del discipulado. El Padre Dominico Mike Fones dice:

> Mi predicación ha cambiado en los últimos años. Me sorprende la frecuencia con la que las Escrituras me brindan la oportunidad de predicar sobre la conversión, sobre el significado de la cruz, sobre lo que significa ser un discípulo de Jesús y hasta sobre la justificación. Algunos podrían decir, "Bueno, es que usted está viendo las Escrituras a través de ese lente, eso es ser parcial". Yo les diría que anteriormente, yo tenía "ojos que no veían" y "oídos que no oían" y que ahora veo y oigo claramente.

Hay dos recursos en particular que han cambiado drásticamente las vidas de millones de adultos católicos en el nivel parroquial: los retiros o cursos de evangelización y el RICA. Comencemos por analizar con más detalle los retiros y procesos de evangelización.

Procesos de evangelización basados en las parroquias

Algunos retiros y cursos muy conocidos fueron creados en parroquias o regiones en particular, y luego se difundieron de parroquia a parroquia, inclusive de país a país. Algunos han existido por décadas y están disponibles en inglés y en español. Estos son algunos retiros que han tenido éxito por décadas:

- Retiros de Evangelización (Boise, Idaho)
- Luz del Mundo (Rockford, Illinois)
- Cristo Renueva Su Parroquia (Toledo, Ohio)
- Fines de Semana de Experiencia Cristiana (Iowa)
- Alpha para Católicos (Michigan)
- CaFE (Exploración de la Fe Católica, por sus siglas en inglés — Arquidiócesis de Westminster, Londres)
- Células Parroquiales de Evangelización (Florida)
- Seminario de Vida en el Espíritu (global, renovación carismática católica)[2]

Todos estos eventos de evangelización son organizados por laicos para laicos, con un sacerdote que actúa como un capellán. Algunos, como los retiros de evangelización, ofrecen la oportunidad para renovar los sacramentos de iniciación (bautismo, confirmación, Eucaristía). Los retiros de fin de semana y los cursos multi-semanales por lo general incluyen testimonios de laicos sobre temas previamente asignados, discusiones en pequeños grupos, meditación de las Escrituras, oración y adoración del Santísimo Sacramento. Los testimonios personales son una excelente manera para transmitir la Gran

Historia de la Salvación.

Las experiencias de evangelización tienen dos "vertientes" principales. Algunas, como Cristo Renueva su Parroquia y los Fines de Semana de Experiencia Cristiana, son ramificaciones del movimiento de cursillos. Otras provienen de la renovación carismática: La Luz del Mundo es una versión estadounidense del SINE (Sistema Integral de Evangelización), que se originó en la Ciudad de México. Los retiros efectivos se han difundido con rapidez. Por ejemplo, Alpha para Católicos es una adaptación católica del proceso evangelizador que nació en una iglesia carismática anglicana en Londres, mientras que las Células de Evangelización en Florida son una adaptación de un proceso que se originó en Corea del Sur y que se difundió después a las parroquias católicas de Europa.

Las personas que asisten a los retiros de evangelización casi siempre están a punto de llegar al umbral de la confianza: asisten a retiros porque confían en el amigo o familiar que los invitó. Los retiros pueden ayudar a la gente a bajar la guardia, a declararse "abiertos" e inclusive a llegar al umbral de la búsqueda o del discipulado en tan solo un fin de semana.

Cristo Renueva Su Parroquia (CRHP) ha tenido un gran impacto en la Parroquia St. John Fisher de la arquidiócesis de Los Ángeles en los últimos siete años. La colaboradora pastoral Katherine Coolidge está muy involucrada con el retiro y con la comunidad que se formó para personas que han pasado por esa experiencia:

> El retiro Cristo Renueva Su Parroquia, con las 140 personas que han participado, está comenzando a tener un impacto. Comenzamos las reuniones parroquiales con quince minutos de oración y reflexión sobre las lecturas del siguiente domingo. Cuando se empezó a llamar al discipulado a las personas que ya habían asistido a este

> retiro, la tendencia de los "Primeros 15", como nosotros les llamamos, se transformó por completo. Cuando las personas que ya habían participado en CRHP se unieron a nuestro grupo, compartieron el poder que experimentaban al tener una relación viva con Cristo. Tenemos un comité que se dedica a explorar lo que significa tener una cultura de discipulado, cuáles son sus consecuencias y cómo podemos fomentar ese tipo de cultura intencionalmente en nuestra parroquia. Tuvimos un mini-taller "Formación de Discípulos" el mes pasado. Los participantes reconocieron que era importante traer a la parroquia el proceso de discernimiento de carismas "Llamados y Dotados", lo que planeamos hacer el año entrante. A partir de ahí, necesitamos descubrir otras formas para llevar a la gente a considerar tener una relación con Cristo.

"Emily", otra de mis amigas, utiliza otro tipo de proceso evangelizador multi-semanal en su parroquia, en la que el porcentaje de discípulos intencionales es muy bajo. ¡Más de doscientas personas se registraron para participar en el primer curso! Aunque la primera experiencia no fue perfecta porque la mayoría de los facilitadores católicos no sabían cómo responder a las personas que hacían preguntas espirituales serias, Emily vio como muchas personas pasaron del umbral de la confianza a la curiosidad, y hasta al umbral de la búsqueda. Una mujer, que era uno de los pilares de la comunidad, reveló durante el proceso que ella no creía que Jesús era el Hijo de Dios, ¡aunque asiste a Misa todos los domingos! Esta mujer ha pasado al umbral de la curiosidad espiritual. Emily también dice que varios matrimonios han recibido sanación.

Asimismo, "Ray", un líder parroquial en el Oeste de los E.E.U.U., ha creado un proceso de evangelización de cuatro semanas que ofreció a cincuenta personas con excelentes resultados. En esas cuatro semanas, un buen número de participantes llegó al umbral del discipulado intencional.

Caveat emptor: No todos los procesos o recursos que dicen ser "evangelizadores" incluyen la proclamación explícita del *kerigma* ni desafían a los participantes para que "echen las redes". También es importante saber que la mayoría de los procesos "evangelizadores" que se utilizan en las parroquias (con excepción de Alpha y RICA) se diseñaron para católicos practicantes, marginales o que no son practicantes, y no para personas no cristianas o que provienen de otras tradiciones cristianas. El proceso parroquial que conocemos que atrae a un gran número de no católicos es el Retiro de Evangelización en Boise, Idaho. Una cuarta parte de los participantes no son católicos, y muchos de ellos tienen un despertar espiritual y algunos se convierten al catolicismo como consecuencia.

El RICA evangelizador

La otra piedra angular de una parroquia evangelizadora es un proceso de RICA que sea realmente evangelizador. "Ray" no solo ha creado su propio curso de evangelización, sino que también ha trabajado arduamente para transformar su proceso de RICA para que sea una experiencia evangelizadora. Cuando Ray se convirtió en el líder de RICA, invitó a toda la parroquia. "Si desean conocer más sobre Jesús y su Iglesia, vengan". Durante el primer año, tuvieron veinticinco participantes: tres no eran católicos, cinco ya eran discípulos. Durante la fase del pre-catecumenado, Ray y su equipo se enfocaron en la evangelización y en compartir la Historia de la Salvación. Al final del primer año, nueve personas ya eran discípulas y el resto habían entrado al umbral de la búsqueda. Según Ray:

> Comenzamos a ver cómo se despertaba una gran hambre

> espiritual. La gente no sabía que no sabía. Nadie les había presentado el Evangelio de manera clara. Una vez que lo hicimos, la gente comenzó a responder. La secretaria de nuestra parroquia había formado parte de ella toda su vida, y llevaba diez años trabajando aquí. En el pasado, ella no asistía a Misa con frecuencia; decía que iba a la parroquia del "Santo Colchón". Pero luego participó en el RICA. A partir de ese momento, su mente y su corazón se abrieron a Dios. Antes de tener esa experiencia, nadie le había dicho que era posible tener una relación con Dios. Ella sabía que había oraciones repetitivas y memorizadas, pero la idea de hablar con Dios y de que Él pudiera responderle era completamente nueva. Nuestro programa de RICA lleva a la gente a tener una intimidad más profunda con Cristo y con la Iglesia. Una pareja de católicos de nacimiento le dice a todo el mundo, "RICA cambió nuestra vida".

Idealmente, las parroquias deberían trabajar para tener dos o tres procesos evangelizadores que se ofrezcan durante todo el año. En una parroquia en Florida, el ciclo anual de evangelización se compone de las Células de Evangelización, Adoración Eucarística y los Seminarios de la Vida en el Espíritu. La parroquia del Sagrado Corazón en Boise ofrece regularmente Retiros de Evangelización, mini-retiros de Vida en Cristo y el proceso de discernimiento "Llamados y Dotados" como las partes centrales de su plan parroquial de evangelización.

Uso de los umbrales en la evangelización parroquial

Los miembros de los equipos de evangelización y del RICA que han recibido capacitación pueden comenzar a identificar los umbrales al tener conversaciones con la gente y también pueden reconocer los caminos espirituales en los que se encuentran los participantes de un retiro o programa. Asistí a un Retiro de Evangelización en Boise y quedé fascinada al ser testigo del cambio de una joven en mi grupo que pasó del umbral de la confianza al de apertura, o quizá al de búsqueda, en tan solo un fin de semana. Si notamos que los participantes finalizan su retiro en los umbrales de apertura o búsqueda, nuestro equipo debe asegurarse de que reciban el apoyo personal y espiritual que necesitan para continuar su camino y producir frutos espirituales. Si comprendemos los umbrales, podremos tener una mejor idea si una persona está lista para el catecumenado formal o si tiene la disposición necesaria para recibir los sacramentos de iniciación de manera fecunda. Además, comprender los umbrales puede ayudar a los miembros del equipo a evaluar la eficacia de su trabajo.

Los carismas como auxiliares en el camino hacia el discipulado intencional

Los carismas del discipulado juegan un papel crucial en la misión evangelizadora. Los carismas son maneras en las que Dios nos faculta para ser canales de su amor, misericordia, belleza, verdad, sabiduría, sanación y providencia para otros. El poder de Dios que emana de un carisma puede revelar a Cristo, eliminar los impedimentos para creer y animar a otros para que abran sus vidas a Dios y para que puedan recibir la gracia santificante mediante los sacramentos.

Es muy importante que comprendamos que los carismas se les dan a todos los bautizados, no solamente a algunos cristianos extraordinarios, y que los pueden recibir individuos así como comunidades o movimientos. Los carismas son muy importantes para hacer discípulos. No somos piezas intercambiables en una maquinaria eclesial. Estar abierto a recibir estos dones del Espíritu Santo, a discernirlos y a utilizarlos para el bien de los demás son actos de obediencia cruciales. Dios da a cada uno carismas particulares, por lo que realmente importa si eres *tú*, en lugar de alguien más, quien Él ha puesto en el camino de *esta* persona.

Después de haber trabajado con decenas de miles de católicos que se encuentran en proceso de discernimiento, hemos notado algo importante: No todos los carismas son bien recibidos y valorados al nivel parroquial. Esto no se hace con mala intención, pero obstaculiza el trabajo del Reino. Por ejemplo, los siguientes son algunos carismas que por lo general son bien vistos y que se fomentan en los ambientes parroquiales:

- Administración
- Destreza manual o técnica
- Motivación
- Donación
- Asistencia
- Hospitalidad
- Misericordia
- Música
- Pastoreo
- Servicio
- Sabiduría

¿Por qué son bienvenidos estos carismas? Estos son regalos espirituales que se utilizan particularmente durante la liturgia, para el cuidado del prójimo y para mantener las estructuras institucionales. Después de haber realizado muchas entrevistas para el discernimiento de carismas, he descubierto que existen diferentes "perfiles" para ciertos cargos pastorales, como ministro de la pastoral juvenil, ministro eclesial y hasta párroco. Lo que es aún más importante, llegué a descubrir cuáles son los carismas que no son comunes en el ministerio pastoral y los problemas prácticos que pueden surgir cuando un líder parroquial tiene carismas que no son ordinarios.

¿Cuáles son los carismas que no son tan bien recibidos? *Los carismas enfocados principalmente a comenzar nuevas iniciativas, a evangelizar y proclamar a Cristo, a formar discípulos y apóstoles y a llevar a cabo ministerios fuera de lo común y cambios proféticos.* Muchos de estos dones tradicionalmente se han relacionado con algunas comunidades religiosas en lugar de relacionarse con la vida parroquial:

- Celibato
- Discernimiento de espíritus
- Evangelización (con excepción del ministerio juvenil)
- Fe
- Sanación
- Oración de intercesión
- Conocimiento
- Liderazgo
- Trabajo misionero
- Profecía
- Enseñanza
- Pobreza voluntaria
- Redacción

Estos dones por lo general no son muy apreciados en la parroquia promedio— hasta ahora. Sin embargo, Dios confiere una gran variedad de carismas a su Iglesia y ¡necesitamos todos los carismas que nos manda! No podemos darnos el lujo de rechazar inconscientemente los carismas para los que todavía no encontramos uso. Si un carisma es genuino,[3] quiere decir que Dios se lo ha dado a los miembros de nuestra comunidad parroquial por una razón. En este momento, necesitamos de manera particular los carismas destinados a la evangelización y a la creación de discípulos. Todos los carismas contribuyen a la formación de una cultura de discipulado, pero ciertos dones pueden ser particularmente útiles en ciertos umbrales de la conversión. Estos son algunos ejemplos:

La gente que se encuentra a punto de entrar al umbral de la *confianza* puede sentirse muy animada por aquellas personas con el don de la *hospitalidad*. El carisma de la hospitalidad faculta a un cristiano para ser un canal del amor de Dios mediante el cuidado de los que necesitan alimento, techo y amistad. Este carisma puede utilizarse para trabajar con los indigentes o en tu propio hogar. El carisma de la hospitalidad también podría ser muy útil cuando buscamos la manera para reconocer y dar la bienvenida a las personas que tímidamente tratan de regresar a la Iglesia, quizás como respuesta a algún anuncio de televisión de "Catholics Come Home". Una persona con el don de la hospitalidad podría ser un miembro muy importante en el equipo de RICA o en el comité de hospitalidad de la parroquia.

De manera similar, la *curiosidad* espiritual es provocada por el carisma de la *misericordia*, que faculta a un cristiano a ser un canal del amor de Dios mediante obras prácticas de compasión que alivian el dolor de los que sufren y les ayudan a experimentar el amor de Dios. Las personas con el carisma de la misericordia tienden a vivir vidas que no tendrían sentido si Dios no existiera. Estas personas ven la belleza personal y espiritual de aquellos que sufren y se sienten privilegiados por poder servirles. Cuando alguien está en la presencia de una persona que tiene este carisma, su sufrimiento disminuye y su dignidad se restaura. El carisma puede manifestarse fecundamente en el trabajo de un médico, un trabajador social o un ministro de la Eucaristía que lleva el sacramento a los enfermos. Los cristianos con el carisma de la misericordia se convierten en el rostro del Reino y de su Rey, y su mera presencia nos plantea preguntas existenciales.

Para aquellos que están pasando por la difícil etapa de declararse *abiertos* al cambio, estar cerca de alguien con el carisma de la *evangelización* puede marcar una gran diferencia. Este don faculta a un cristiano para compartir la fe con otros de tal manera que los atrae a ser discípulos de Jesús y miembros responsables de su Iglesia. Las personas con este carisma son cristianos que "contagian" su fe. Un católico con este carisma pasa todo su tiempo tratando de determinar dónde estamos en nuestra relación con Dios. ¿Estamos acercándonos a Él? ¿Nos estamos alejando? Además, las personas con este don oran para poder ayudarnos a acercarnos cada vez más a Cristo y a su Iglesia. Los evangelizadores con este carisma no tienen que fabricar oportunidades para hablarnos sobre la fe; pareciera como si este tema saliera de manera natural cuando estamos con ellos. Estas personas por lo general pasan su tiempo en los márgenes de la Iglesia, donde quiera que se encuentren las almas en búsqueda de Dios.

Desafortunadamente, el maravilloso carisma de la evangelización incomoda a la mayoría de los católicos. Yo lo llamo el "carisma católico oculto" porque los católicos tratan de ocultar el hecho de que un carisma de evangelización se está manifestando en su parroquia, y prefieren darle un nombre más "respetable" como enseñanza o administración. En mi experiencia, los católicos se sorprenden más (y en ocasiones hasta se aterran) cuando descubren que Dios los está usando en el área de la evangelización más que en cualquier otra área.

Para los que se encuentran en el umbral de la *búsqueda*, tener cerca a una persona con el carisma de la *enseñanza* es particularmente útil. La enseñanza faculta a un cristiano a ser un canal de la verdad y la sabiduría de Dios, lo que permite que otros puedan aprender información y habilidades que les pueden ayudar a desarrollar al máximo su potencial espiritual y personal. Este es el tipo de persona que debería impartir la catequesis inicial en las clases de RICA o de formación en la fe. Por alguna razón, las personas que los escuchan (aunque no sean personas religiosas) se interesan e involucran como nunca pudimos haber imaginado. La gente que tiene este carisma son excelentes maestros, ya sea en una escuela, parroquia o en un hogar, y también son líderes y visionarios en la educación. Con frecuencia son ellos quienes crean los planes de estudio y currículos.

Por último, las personas que se encuentran en el umbral del *discipulado intencional* pueden beneficiarse profundamente al estar cerca de cristianos que tengan el carisma del *pastoreo*. Para ser nombrado el párroco o pastor de una parroquia, es necesario recibir el sacramento de la ordenación sacerdotal. Sin embargo, no es necesario recibir este sacramento para ejercer este carisma orientado hacia la comunidad y que Dios otorga a laicos y a religiosos que no han recibido la ordenación sacerdotal. El pastoreo faculta a un cristiano para ser un canal del amor de Dios mediante la creación de una comunidad cristiana, fomentando las relaciones entre sus miembros y el crecimiento espiritual del grupo. Este es un don que se utiliza dentro de la comunidad cristiana.

Los católicos que han recibido el carisma de pastoreo están convencidos de lo que Dios puede hacer cuando la comunidad cristiana se reúne para orar, para estudiar o para compartir su fe. Ellos son los expertos en organizar grupos pequeños. Si no existen pequeñas comunidades en tu parroquia, cuando alguien con este carisma se presente, él o ella los iniciará. Lo que menos necesita un nuevo discípulo es estar aislado dentro de su parroquia. Las personas con el carisma de pastoreo saben que fuimos creados para encontrar a Dios y que fuimos creados para encontrarlo juntos.

Cuando fomentamos una cultura de discipulado, debemos esperar conversiones. Si esperamos que Dios transforme vidas, necesitamos tener un plan para que nuestras parroquias animen y apoyen esa transformación, en lugar de reprimirla.

Capítulo 12

Hacer discípulos y formar apóstoles en la nueva misionariedad

En la nueva misionariedad en la que nos encontramos, *el mayor desafío es que la fe generalmente es elegida, y la conversión o deconstrucción intencional es la "nueva" normalidad tanto para los adolescentes como para los adultos*. Como observó recientemente Tim Keller, el pastor fundador de la Iglesia Presbiteriana Redeemer de Manhattan, ampliamente reconocido por su capacidad para evangelizar a los jóvenes urbanos escépticos:

> El protestantismo tradicional, el catolicismo y otras religiones se heredan: literalmente "naces en ellas" y te adhieres a ellas porque tu familia lo hace. *Estas iglesias declinan más rápidamente en la modernidad porque los jóvenes no quieren seguir un camino que no han elegido por sí mismos.*[1]

Por supuesto, no estoy e*n absoluto* de acuerdo con Keller en que el catolicismo vivo y creyente se hereda sin más. Pero es cierto que algunos católicos siguen pensando que la fe católica y otras identidades religiosas tradicionales deben heredarse de la familia. A pesar de que ahora vivimos en una cultura en la que la gran mayoría de los adultos jóvenes asumen que un individuo debería ser capaz de elegir cada parte significativa de su identidad de un menú de millones de opciones y que la fe religiosa de uno o la falta de fe no es la excepción.

¿Cómo podemos avanzar en la misionariedad occidental, donde las reglas son tan diferentes? Es hora de extraer las inmensas riquezas de los primeros dieciocho siglos del cristianismo, cuando los cristianos católicos y ortodoxos fueron los grandes evangelizadores y misioneros de frontera.

La misionología es el subconjunto de la teología práctica que se centra en el primer anuncio de Jesucristo y en el establecimiento de su Iglesia allí donde no se conoce. Toda la vida parroquial de la Iglesia occidental va a tener que ser reevaluada y remodelada en torno a esta nueva comprensión de nuestra realidad.

De la cristiandad occidental al cristianismo global

El cristianismo occidental del siglo XXI tiene algunas similitudes sorprendentes con la Iglesia primitiva. La Iglesia primitiva era una secta minoritaria en un mar de pluralismo religioso y cultural con muchas expresiones locales diferentes. Del mismo modo, el cristianismo está ahora mucho menos concentrado dentro de los países tradicionalmente cristianos y se ha extendido por todo el mundo a todos los países. En 1900, el 95% de los cristianos vivían en países de mayoría cristiana. Pero en 2022, sólo el 53.7% de los cristianos viven en países de mayoría cristiana. Para 2050, se estima que una escasa mayoría de cristianos (50.4%) en todo el mundo vivirá en naciones no mayoritariamente cristianas.

En 2022:

- 27% de los cristianos viven en África
- 15% de los cristianos viven en Asia
- 22.9% de los cristianos viven en Europa
- 23.9% de los cristianos viven en América Latina
- 10.5% de los cristianos viven en América del Norte
- 1.1% de los cristianos viven en Oceanía[2]

Para el año 2050, la mejor estimación actual es que sólo el 25% de todos los cristianos y todos los católicos vivirán en occidente.[3] El periodista católico John Allen lo resume así:

> El catolicismo, en otras palabras, ya es una religión no occidental, al menos en su base, y lo será cada vez más con el paso del tiempo. A mediados de este siglo, tres cuartas partes de los hombres, mujeres y niños católicos vivirán fuera de occidente. Por lo tanto, tratar de entender a la Iglesia exclusivamente a través del prisma de las preocupaciones y prioridades occidentales es un error, y sin embargo sigue siendo la forma en que la mayoría de los periodistas cubrimos la Iglesia.[4]

Reglas de la misionariedad

Consideremos la experiencia de San Francisco Xavier, el gran misionero jesuita en Asia. Cuando Francisco vivía en Roma con el resto de los jesuitas, vivía en el corazón de la cristiandad y podía esperar razonablemente que la inmensa mayoría de las personas con las que se encontraba en el curso de su vida diaria habían absorbido más o menos un conjunto de supuestos, ideas, valores, lenguaje e imágenes cristianas básicas por el mero hecho de vivir en ese entorno de cristiandad. Algunos seguían siendo "malos" católicos y no creían ni vivían realmente la fe. Pero todos eran culturalmente católicos a un nivel básico y profundo. Si Francisco Xavier decía la palabra *Jesús*, todo el mundo sabía de quién estaba hablando, y todos presumían que Jesús era un hombre que había vivido realmente. Se aplicaban las reglas de la cristiandad, y Xavier estaba acostumbrado a evangelizar y ejercer su ministerio en el marco de esas normas de comunicación.

Pero cuando pisó por primera vez las costas de Japón, se adentró en un mundo en el que sólo otro hombre, además de él, era católico, y en el que aún no había rastro de conceptos, valores, categorías o lenguaje católicos. Xavier partía de cero absoluto: no hablaba el idioma, no conocía su modo de vida, sus valores, sus categorías mentales ni su forma de hablar. El intento más básico de comunicación iba a ser un proceso largo y difícil al intentar descifrar tanto el idioma como la mentalidad de los japoneses. No podía llevar a cabo su misión en Japón como lo había hecho en Roma. La situación era tan diferente que las formas de comunicación y relación que había entendido y utilizado en Italia ya no eran útiles.

En Estados Unidos, usted y yo podemos movernos en entornos y relaciones cristianas en los que todavía se aplican las viejas reglas, pero con sólo cruzar una calle o hablar con un vecino o compañero de trabajo, podemos encontrarnos de repente en una conversación totalmente diferente: una conversación de Misiones. Se trata de una conversación en la que las personas con las que hablamos no tienen ni idea, o desprecian activamente, el universo espiritual que usted y yo suponemos que es verdadero y profundamente importante. Podemos pasar de la cristiandad a la misionariedad en cuestión de minutos, simplemente paseando desde la Misa a una cafetería cercana, o hablando con un familiar, o participando en una conversación en línea dominada por escépticos.

Keller lo resume muy bien:

> Tradicionalmente, las instituciones culturales norteamericanas producían personas que (profesaran o no el cristianismo) creían en un Dios personal, en una vida después de la muerte y en absolutos morales. Prácticamente todas las estrategias cristianas para la evangelización y el crecimiento de la iglesia se dirigen a personas con estas "creencias de fondo" tradicionales.[5]

Tenemos que estar espiritualmente alertas y preparados para el cambio hacia el territorio y las normas de la misión, porque va a ser un componente habitual de casi todas nuestras vidas en el siglo XXI. Tenemos que prepararnos para entrar en los entornos de la misionariedad y tener conversaciones de la misionariedad con una confianza en Dios que comprenda que, aunque la comunicación y la relación van a ser inevitablemente difíciles, ésta es la conversación de nuestra generación. *Esta* es la conversación a la que Dios nos ha llamado. Él ya está ahí delante de nosotros, hablándole a esa persona en el lenguaje de su corazón, que nosotros mismos aún no conocemos. Debemos confiar en que el Espíritu Santo ha ido delante de nosotros, preparando el camino.

Buscador/Discípulo/Apóstol

Buscador/Discípulo/Apóstol es nuestro esquema muy simple de desarrollo cristiano adulto que hemos utilizado desde 2004. No escribí sobre él en la primera edición del *FDI* porque pensé que sería demasiado confuso para las personas que acababan de conocer la idea de los umbrales. Pero entenderlo es cada vez más crucial en nuestro contexto emergente de la misionariedad.

Buscador

La etapa del Buscador incluye los cinco umbrales de conversión que describí en los capítulos 5-8, que llevan a las personas al inicio del discipulado intencional. Para usar una metáfora del desarrollo humano, la etapa del Buscador abarca el viaje fundamental, desde el recién nacido espiritual hasta el preadolescente espiritual de rápida maduración. (Cuando presento al Buscador/Discípulo/Apóstol, contrasto la imagen de un bebé recién nacido con la de un niño en edad escolar jugando al fútbol para ilustrar la diferencia de independencia e iniciativa).

Discípulo

El discipulado es el comienzo del viaje de toda la vida para seguir a Jesús como su discípulo en medio de su Iglesia. Madurar como discípulo implica oración intensa, estudio, arrepentimiento continuo y una transformación constante a medida que nuestra creciente relación con Jesucristo y su Iglesia se integra en el conjunto de nuestra vida y relaciones. El discipulado es la etapa en la que los carismas empiezan a manifestarse en nuestra vida y comienza la producción de frutos. En términos de desarrollo humano, puede considerarse como el equivalente espiritual de la adolescencia hasta la transición a la edad adulta. A medida que maduramos como discípulo, la cuestión de a qué nos llama Dios surge de forma natural. Es el comienzo de la transición hacia un apóstol "adulto", uno que no sólo sigue a Jesús, sino que también es consciente de que es enviado por Jesús para ser un instrumento de su Presencia y de los propósitos del Reino para los demás.

Apóstol

Aquellos que alcanzan el umbral del discipulado intencional pueden pasar al apostolado emergente con bastante rapidez (en uno o dos años) en un entorno de gran apoyo. Uno de los catalizadores es a menudo el surgimiento de carismas, que con frecuencia comienzan a manifestarse dentro de un año o dos después de que alguien hace la transición al discipulado intencional. Hemos visto cómo el sentido de la identidad de miles de católicos se ha transformado drásticamente al comprender que Jesucristo les ha dotado de verdad en aras de una misión más amplia del Reino, y que alguien más está esperando que le compartan lo que se les ha dado.

En el mundo evangélico de nuestra infancia, nosotros mismos y todos los que nos rodeaban esperaban que pasáramos rápidamente a una postura apostólica ante la vida después de pasar por una conversión. Sin embargo, hemos comprobado que a muchos católicos laicos de toda la vida les suele costar mucho más tiempo pasar al apostolado, debido a suposiciones culturales inconscientes (pero profundamente arraigadas) de que el discipulado de los laicos se expresa mejor a través de devociones puramente privadas, y que de alguna manera es inapropiado que los laicos asuman ese tipo de responsabilidad e iniciativa para la misión.

En el entorno de la cristiandad, los católicos han considerado históricamente a los laicos como receptores del ministerio de los ordenados y los religiosos, y no como personas ungidas por el propio Jesucristo para la misión en el bautismo. Por lo tanto, el católico laico promedio recibe mucho menos apoyo y comprensión en su camino hacia el apostolado que el clero o los religiosos. Sin embargo, una gran parte de la Iglesia ha vivido durante siglos fuera del entorno de la cristiandad. Cuando y dondequiera que la Iglesia exista fuera de una cristiandad intacta, el inmenso valor e importancia de los apóstoles laicos siempre vuelve a salir a la luz.

Más raro aún que el discípulo católico es el apóstol católico maduro: un discípulo que ha madurado hasta el punto de ser generador, es decir, ser fundamentalmente un hombre o una mujer para Dios y para los demás, en lugar de estar todavía centrado principalmente en sí mismo y en satisfacer sus propias necesidades, como hacen naturalmente los niños por razones de desarrollo.

Aquí no me refiero a un conjunto específico de actividades "apostólicas", sino a tener una postura fundamental enfocada hacia Dios, los demás y el mundo, que puede expresarse de miles de formas concretas diferentes. ¿Dónde están los adultos católicos que están madurando para convertirse en madres y padres espirituales, en intercesores y evangelizadores fecundos, en catalizadores de nuevas iniciativas en nuevos campos de misión, en fundadores, en generadores de nuevas perspectivas y visiones, en grandes apóstoles de la justicia y la misericordia, en criadores y formadores de un amplio espectro de buscadores y discípulos? ¿Dónde están los hombres y mujeres que se entregarán al verdadero gobierno, apoyando y formando a otros católicos mientras disciernen y responden a una amplia variedad de vocaciones personales seculares, religiosas y sacerdotales?

Apóstol es la etapa de desarrollo en la que se produce abundante fruto espiritual, un fruto que resiste la prueba del tiempo y permanece. El florecimiento de la Iglesia en cada generación y en una amplia variedad de situaciones depende del porcentaje de católicos que alcanzan esta etapa de desarrollo. Mi mejor cálculo en la actualidad es que sólo la mitad del uno por ciento de todos los católicos ha alcanzado el nivel apostólico de desarrollo espiritual. Pero esto no tiene por qué ser así.

La salvación de cientos de millones de personas, el impacto de la comunidad católica en la cultura más amplia y el brillo evangelizador de la Iglesia en cada situación y generación dependen en gran medida del número de sus miembros que han alcanzado la etapa apostólica de la adultez cristiana plena. Pero pocos de nuestros líderes están allí. El propósito de escribir *Formación de Discípulos Intencionales* fue capacitar a las comunidades católicas para ayudar tanto a los católicos como a los buscadores no católicos a hacer el viaje hacia el discipulado intencional y más allá.

Como se dice por ahí, "nuestra gente es nuestra riqueza". Los tiempos de auténtico renacimiento y de misión transformadora son siempre fruto de una amplia variedad de apóstoles (laicos, religiosos y ordenados) que han sido catalizadores dinámicos y creativos en sus propias áreas, y que simultáneamente animaron y apoyaron a otros discípulos y apóstoles. Este renacimiento cambió el curso de la historia de Francia, de toda la Iglesia católica y del mundo, cincuenta años después del Concilio de Trento.

La generación de los santos

El gran renacimiento católico al que se refiere el historiador Orest Ranum como la "Generación de los santos"[6] en Francia, a principios del siglo XVII (1594–1660), surgió de circunstancias inimaginablemente más sombrías que las nuestras. Francia había sido estremecida por ocho guerras civiles religiosas entre católicos y protestantes a lo largo de treinta y dos años, en las que murieron entre 2 y 4 millones de personas. El 20% de la población de París murió en un asedio militar alimentado por la religión. Finalmente, dos generaciones después de Trento, los agotados supervivientes miraron a su alrededor e intentaron un camino diferente.

En algunas partes de Europa ya existía la tradición parecida a la Adoración Eucarística de Cuarenta Horas en toda la ciudad o en toda la diócesis, en la que participaban todas las iglesias de la zona. La idea era que se rezara intensamente ante el Señor Jesús Eucarístico durante cuarenta horas en, por ejemplo, la Parroquia de Santa Ana, y justo cuando ésta terminaba, se iniciaban otras cuarenta horas de adoración intercesora en la parroquia de al lado, y cuando ésta terminaba, se iniciaban otras cuarenta horas en una tercera parroquia, etc. El objetivo era tener una adoración intercesora progresiva que se desplazaba de iglesia en iglesia por toda la ciudad.

En noviembre de 1592, el Papa Clemente estaba gravemente

preocupado por el conflicto dentro de la Iglesia. Así que emitió una proclamación instituyendo una adoración intercesora progresiva de cuarenta horas por el conflicto en la Iglesia (especialmente en Francia) para ir de parroquia en parroquia alrededor de la ciudad de Roma.

Veintiún meses después de que se ordenara la intercesión, Francisco de Sales, de veintiséis años y recién ordenado como sacerdote, se ofreció como voluntario para ir a su región natal en los Alpes Franceses en una misión evangelizadora. Su objetivo era restaurar la fe católica en Saboya, donde todas las iglesias habían sido destruidas o cerradas durante sesenta años, y donde 60,000 personas habían abandonado la Iglesia y sólo quedaban unos cien católicos clandestinos. En cuatro años de intenso ministerio evangélico, él y un puñado de asociados consiguieron que 40,000 ex católicos de segunda y tercera generación volvieran a la Iglesia. Entonces, de Sales fue nombrado obispo de la región que había reevangelizado personalmente. Resultó ser el primer capítulo notable de lo que se convirtió en un renacimiento misionero que involucró a decenas de miles de católicos franceses, transformó la Iglesia católica en Francia y luego extendió la fe católica a otras partes del mundo como Canadá y el sudeste asiático.

Fue la providencia de Dios que la figura más grande de la primera generación del renacimiento francés multigeneracional fuera San Francisco de Sales, en quien la caridad y la dulzura coexistían con la dureza apostólica, y cuya confianza en Dios era conocida por todos. Gracias a su influencia, mientras que las generaciones que vivieron las guerras de religión quedaron profundamente traumatizadas, la siguiente generación volcó sus energías en la oración y la penitencia, en la caridad sistemática heroica, en la evangelización, en la labor misionera, en la creación de la escuela católica y del sistema de seminarios, y en la reconfiguración de la parroquia local en modo misionero.

Literalmente, reinventaron la vida, la práctica y la espiritualidad católica de modo evangélico.

Obsérvese que la vida católica se reinventó, no a imagen de la Iglesia anterior a la Reforma, que ya no se podía recuperar, ni como una simple reacción a las terribles pérdidas del pasado, sino atendiendo realmente a las necesidades de su tiempo diferente (una cristiandad destrozada tras la Reforma) por amor y con el poder del Espíritu Santo. "Veamos lo que hace el amor" era el lema de San Francisco. El amor heroico dio a luz a un vasto espectro de creatividad, renovación y transformación, cuya influencia duró 150 años en Francia y envió olas de reforma con mentalidad misionera a la Iglesia mundial.

¿Qué podemos aprender de este extraordinario grupo de discípulos-amigos?

- **Eran discípulos intencionales juntos.** Cada miembro de la "generación de los santos" ya buscaba personalmente seguir a Jesús como discípulo en medio de su Iglesia. Pero también sabían que no estaban destinados a seguir a Jesús solos, sino como parte de una comunidad mayor de discípulos.
- **Estaban en misión juntos.** Todos sabían que colaboraban en una gran misión común: clérigos, religiosos y laicos; hombres y mujeres de todas las clases y niveles educativos; católicos con carismas, orígenes y vocaciones muy diferentes. Los laicos eran tomados en serio por el clero y los religiosos como socios de pleno derecho, con oficios diferentes. También consideraban a las parroquias como centros de formación y alcance misionero y como socios fundamentales en la misión con las comunidades religiosas, las escuelas y otras instituciones católicas.

- **Colaboraban a gran escala.** Aprendían fácil y abiertamente los unos de los otros y se dejaban influir mutuamente. Se asesoraban, animaban, apoyaban y rezaban asiduamente los unos por los otros.
- **Estaban orientados al presente y al futuro.** Buscaban inspiración y orientación en las riquezas teológicas y espirituales de la fe católica y luego aplicaban creativamente la Tradición de formas nuevas a las necesidades únicas de su generación por el bien de las generaciones futuras.
- **La creatividad apostólica era la nueva normalidad.** Las situaciones, a menudo perniciosas, a las que se enfrentaron fueron el catalizador de muchas nuevas comunidades, estructuras, actividades de divulgación, devociones y recursos espirituales de orientación evangélica.
- **Esperaban que Dios actuara.** Se tomaban en serio lo sobrenatural y esperaban que el Espíritu Santo les guiara e inspirara, por lo que sabían que el discernimiento continuo era fundamental. También esperaban que Dios hiciera cosas a través de ellos y les proveyera de formas realmente extraordinarias.
- **Rezaban profundamente.** Sabían que toda transformación espiritual y cultural comienza y termina con el encuentro profundo de las personas y las comunidades con Dios. Eran especialmente conscientes de la increíble importancia de la oración de intercesión comunitaria para sentar las bases de una evangelización fructífera.
- **Fueron fieles hasta la muerte.** Sabían que el cambio sostenido era fruto de una larga obediencia en la misma dirección y estaban dispuestos a dedicar

toda su vida a responder a la llamada de Dios.

El poder de la comunidad cristiana

Ya he hablado de que el aislamiento puede llevar a los católicos que son buscadores espirituales a abandonar la Iglesia. Pero lo que poca gente parece entender es lo debilitante que puede ser el aislamiento espiritual incluso para los católicos altamente comprometidos que son discípulos. Muchos sacerdotes y líderes laicos que son discípulos y que anhelan evangelizar experimentan un aislamiento devastador. Al menos la mitad de los líderes que asistieron a un seminario de Formación de Discípulos hace unos años expresaron una profunda soledad. Procedían de veintidós diócesis de todo Estados Unidos y Australia. Nos contaron una y otra vez lo aislados que estaban en casa, y lo increíblemente sanador que era poder hablar con otros católicos que se preocupaban por las mismas cosas que ellos. Igual de desalentador fue el hecho de que cinco católicos ortodoxos y profundamente comprometidos habían utilizado espontáneamente el mismo lenguaje inquietante mientras hablaban conmigo durante las dos semanas anteriores al seminario: "Si dejara la Iglesia…". El motivo de su desesperación era siempre el mismo: la falta de una comunidad de amigos espirituales con los que poder recorrer el camino del discipulado.

Sé que la idea de dejar la Iglesia porque la comunión de otros discípulos es dolorosa puede ser totalmente desconcertante o parecer quejumbrosa y autocomplaciente. ¿Cómo podría alguien dejar la Eucaristía? Depende en gran medida de si alguna vez hemos tenido la experiencia de formar parte de un grupo de discípulos intencionales que se apoyaban activamente unos a otros. Si lo hemos hecho, puede ser extraordinariamente difícil vivir sin esta experiencia, incluso para los más comprometidos.

David es un erudito y uno de esos católicos profundamente comprometidos. Él y su esposa, Sherry, fueron miembros de nuestro famoso grupo de laicos "sin nombre" en Seattle, antes de mudarse por la carrera de David. Así es como David describe su sensación de aislamiento espiritual:

> Las amistades fueron clave en Seattle. Quiero poder hablar de lo que realmente espero y de las cosas que parecen frustrar esas esperanzas, y eso podía hacerlo muy fácilmente en Seattle. La gente acudía a ti en busca de ayuda, y nosotros hacíamos lo que podíamos. Te daba la sensación, cuando participabas en algo así, de que era sagrado, y que esto era lo que Dios quiere que hagamos.
>
> Aquí soy un padre solo con mi mujer y mis hijos. Hasta ahora, nos las hemos arreglado espiritualmente. Que Dios nos ayude si tuviéramos una verdadera crisis, porque aquí no hay ningún lugar al que acudir. Eso me parece mucho peor que no tener seguro médico. Yo sé lo que es tener un verdadero "seguro" comunitario y sé lo que puede proporcionar. Siento que me estoy desangrando. ¿Cómo se puede aceptar esto? ¿Cómo se puede esperar tan poco de Dios?

Aunque David me asegura que nunca dejaría la Iglesia, conozco a varias personas que lo han hecho. También conozco a muchos destacados líderes católicos que me han dicho en privado que están agotados porque se sienten completamente solos, que no tienen ningún apoyo significativo en sus parroquias o diócesis, excepto sus directores espirituales. Y no sólo lo escucho de los laicos. Un sacerdote que está viendo surgir muchos nuevos discípulos en su parroquia se desahogó recientemente:

> ¿Me puedo quejar? Es increíble… las excusas y la resistencia a la Buena Nueva. Hay sacerdotes que dicen: "¿Qué estás fumando?". Los sacerdotes mayores nos

> veíamos como hombres de la Iglesia. Yo decido lo que significa, y no era alguien que tenía una relación personal con Jesús. Era el estándar equivocado. Si quieres dejar un impacto duradero en la vida de la gente, no se trata de tu personalidad o de tus homilías. Se trata de pensar: "¿Les has ayudado a tener un encuentro personal con Jesús?". Tú te vas a ir, pero esto perdura. No se trata de nosotros. Se trata del Señor.

No se trata de un problema exclusivo del siglo XXI. Ralph Martin observa que Santo Tomás de Aquino escribió hace más de setecientos años que la fecundidad de la vida sacramental depende del apoyo intencional de la comunidad, así como de la vida espiritual del individuo:

> La fecundidad permanente de un sacramento está ligada a la calidad del "seguimiento" o del ambiente de fe en el que se vive, y a la receptividad permanente a la obra del Espíritu Santo en la gracia particular del sacramento. Tomás reconoce, incluso en su época, que el clero está demasiado ocupado para asumir esta responsabilidad en solitario, sino que debe implicar a los fieles laicos en la tarea de seguimiento.[7]

Sabemos que el primer año después de que uno termina el RICA o pasa por una conversión importante es crítico y puede ser sorprendentemente difícil ya que el nuevo discípulo se enfrenta a muchos obstáculos y decisiones inesperadas. También sabemos que muchos conversos acaban por "ahogarse" en el vasto y solitario océano católico. Si nos tomamos en serio lo de hacer discípulos, debemos apoyarlos intencionadamente una vez hechos. La mayoría de los nuevos discípulos necesitan un "Ananías",[8] un discípulo-compañero, o un grupo de compañeros espirituales como Ananías, que entiendan lo que él o ella está experimentando y caminen a su lado. A medida que hacemos discípulos en nuestras congregaciones, algunos tipos de comunidad se formarán naturalmente, pero tendremos que apoyar las redes espontáneas de amigos con la construcción intencional de la comunidad centrada en el discipulado.

LO QUE HEMOS APRENDIDO

Las miles de conversaciones personales que hemos mantenido desde 2012 nos han proporcionado increíbles conocimientos sobre la vida interior y el camino espiritual de los católicos bautizados de todo el mundo. Aquí están algunos de los "descubrimientos" más importantes que hemos tenido o visto con ojos nuevos, cosas que todavía no entendíamos cuando escribí *FDI* en 2012.

Desconfianza espiritual y evangelización "lejana"

Los 40 millones de ex católicos de Estados Unidos se encuentran casi con toda seguridad en una fase de preconfianza. Sin un puente de confianza establecido, la mayoría de las personas (incluso las que tienen algún tipo de formación católica) no entrarán por las puertas de nuestras parroquias por sí mismas, especialmente fuera de un contexto de cristiandad. Están "lejos" en el corazón, en la mente, en la imaginación y en la vida y necesitan de varios Ananias que salgan del edificio eclesial y los busquen allí donde se encuentran. Los Ananías pueden convertirse en un primer puente personal de confianza y/o ayudar a reconstruir los puentes de confianza hacia la fe y la comunidad cristiana que han sido dañados o destrozados.

La preevangelización es la parte del proceso de evangelización que se centra en los más alejados de Jesús y de su Iglesia (sin confianza ni fe), así como en las necesidades de los que están conectados a la parroquia de alguna manera o incluso son "activos", pero todavía se encuentran en las primeras etapas del desarrollo espiritual: los umbrales de la confianza, la curiosidad y la apertura temprana.

Hay una diferencia importante entre la preevangelización cercana y la preevangelización lejana. La preevangelización cercana consiste en encontrarse con personas que ya tienen algún tipo de puente de confianza y ayudarles a iniciar el resto del camino hacia el discipulado intencional.

La preevangelización lejana implica dejar el mundo de los católicos y salir al encuentro y llevar la presencia y la Buena Nueva de Jesucristo a alguien (bautizado como católico o no) que ahora se encuentra en un lugar lejano espiritualmente, tal vez un lugar que ni siquiera sabíamos que existía, un lugar desconocido para aquellos de nosotros que crecimos o vivimos en entornos cristianos vibrantes. El enfoque que exige la preevangelización lejana es bastante diferente del que requiere la preevangelización cercana, que es mucho más cómoda para la mayoría de nosotros.

Hay tres cuestiones relacionadas para los que estamos inmersos en la realidade estadounidense:

1. ¿Esta persona vive en un fragmento de la cristiandad? Eso sería un lugar donde la cultura informal apoya más o menos los valores y las prácticas cristianas tradicionales (el Cinturón Bíblico del Sur, por ejemplo). ¿O vive en una parte verdaderamente postmoderna y postcristiana de los Estados Unidos (zonas urbanas de la costa oeste y este, por ejemplo)? Un verdadero ateo que vive en el Cinturón de la Biblia sigue siendo ateo, pero probablemente tiene un trasfondo religioso y utiliza algún tipo de conocimiento/categorías religiosas. Un ateo en Seattle podría fácilmente no tener

ningún trasfondo religioso o marco mental para entender la fe religiosa.

2. ¿Tiene esta persona un puente de confianza (alguna asociación positiva con el cristianismo, Jesús, la Iglesia o un cristiano creyente), o mi primera tarea evangelizadora debe centrarse en construir el puente? Si el puente ya existe, nuestro trabajo es casi de preevangelización, construyendo y fortaleciendo el puente existente y tratando de despertar la curiosidad espiritual. Si no hay puente, estamos en el terreno de la preevangelización lejana, donde el proceso es mucho más lento, y mucho más personal.
3. ¿Es ésta una situación en la que son necesarios los enfoques "minoristas" que se centran en la singularidad de la persona que tengo delante, o puedo aprovechar los enfoques "mayoristas" destinados a grupos y a un enfoque único? ¿Se trata de una amistad personal (minonrista) o de invitar a alguien a una experiencia de evangelización como el curso Alpha de su parroquia (un enfoque mayorista con elementos minoristas)?

Cuanto más lejos de la Iglesia y de una visión cristiana del mundo, nuestro alcance debe ser más intensamente minorista, personal y a largo plazo. La preevangelización lejana es abrumadoramente minorista. Si ya existe un puente de confianza (cerca de la preevangelización), es muy probable que podamos invitar a nuestro amigo a algo como un curso Alpha mucho antes.

Comparto estos sencillos principios generales porque en la parroquia estamos acostumbrados a hacer casi toda la formación en un grupo grande, al por mayor, sin elementos de venta minotisya que exigen una respuesta libre y personal por parte de los individuos.

En la parroquia, necesitamos crear oportunidades de evangelización "híbridas" insertando deliberadamente elementos minoristas en todo lo que ofrecemos. Pero si las personas se sienten lo suficientemente cómodas como para asistir a un evento parroquial, es casi seguro que están cerca, y probablemente tienen un puente de confianza establecido.

Pero hay un gran número de personas (bautizadas o no) que están lejos, muy lejos de nosotros en corazón y mente y espíritu y cultura. Tenemos por delante el largo camino de la relación y la construcción de la confianza sin un horario ni una agenda estructurada. Llegar a los que están lejos es casi todo un ministerio minorista.

Confianza espiritual

Hemos aprendido que podemos presumir que casi todos los católicos que son activos (asisten a Misa al menos una vez al mes o más) están, como mínimo, en el primer umbral de la confianza, la etapa más temprana y pasiva del desarrollo espiritual (ver capítulo 5). En el nivel de confianza espiritual, la gente entiende realmente la importancia de la hospitalidad y el terrible trauma de violar la confianza, que es una de las razones por las que la renovación de los escándalos de abuso en 2018 golpeó tan duramente a muchos de nuestros miembros activos "de base". Pero por lo general no pueden comprender la realidad del camino más allá de la confianza o ayudar a cualquier otra persona a ir más allá de la confianza, porque normalmente solo podemos ayudar a otras personas a ir tan lejos como nosotros mismos hemos viajado.

Curiosidad espiritual

Muchos de nuestros líderes se encuentran en el umbral de la curiosidad temprana (véase el capítulo 6). Un católico en el nivel de curiosidad espiritual suele disfrutar aprendiendo más sobre la Iglesia y las riquezas de la fe católica, por lo que suele estar comprometido con los esfuerzos de formación, lo que naturalmente nos entusiasma. Destacan entre la multitud, y podemos suponer fácilmente que eso significa que son discípulos. Es por esto por lo que las personas en el umbral de la curiosidad a menudo terminan en el liderazgo. Los líderes en las primeras etapas de la curiosidad a menudo confunden el "compromiso" con la Iglesia institucional con una relación personal con Dios y el discipulado. Pueden estar muy involucrados en el trabajo intelectual, educativo, formativo o teológico, así como en la administración y en iniciativas pastorales y de justicia de todo tipo. Incluso pueden estar comprometidos con la evangelización y, sin embargo, (extrañamente) no tener todavía una relación personal con Dios. Si no buscamos intencionadamente ayudar a los católicos que se encuentran en el umbral de la curiosidad a ir más allá, es fácil que se queden atascados ahí y no se muevan nunca, porque literalmente no saben ni pueden imaginar que hay mucho más.

Apertura espiritual

El punto de inflexión crucial para muchos católicos de cuna en este momento es pasar de la curiosidad a la verdadera apertura espiritual (véase el capítulo 7). Si un católico sigue creyendo firmemente que Dios es simplemente una fuerza distante o un ejecutor de reglas indiferente, no podrá pasar a la apertura, porque la apertura es la primera apertura *tentativa*, incluso atrevida, a una relación con un Dios vivo que posiblemente se preocupe por nosotros, nos escuche y nos responda. Para muchos católicos de cuna, ésta puede ser la primera vez que experimentan una relación personal con Dios. En este momento, ayudar al mayor número posible de nuestras personas "activas" a pasar a una verdadera apertura espiritual es el reto urgente de evangelización que tenemos ante nosotros, porque abre la puerta a todo lo que, en última instancia, conduce a la unión con la Santísima Trinidad a la que estamos llamados. El hecho de que muchas personas vayan más allá del "compromiso" y de una "fe" puramente institucional puede cambiar todo el clima espiritual de facto de la parroquia que intimida a tantos y reprime involuntariamente la conversión. *Es crucial, sobre todo, que apoyemos firmemente a las personas que se mueven hacia la apertura y más allá, porque ahora están más allá de la norma espiritual de la comunidad católica y de la experiencia espiritual de la mayoría de los católicos, incluso de los líderes.* Esto puede hacer que estos buscadores se sientan aislados, vulnerables y temerosos de que su búsqueda espiritual moleste a los demás y dañe las relaciones. Necesitan compañeros como Ananías que comprendan su camino y estén tan entusiasmados como ellos por sus nuevos avances espirituales.

La oración de la apertura

Hemos descubierto una herramienta extremadamente sencilla y poderosa para ayudar a las personas a entrar en la apertura. La llamamos la "Oración de Apertura" y la utilizamos ahora para comenzar cada taller en vivo de Llamados y Dotados, así como la nueva versión de video en línea. Básicamente consiste en invitar a otra persona a hablar con Dios con sus propias palabras y decirle que está abierta a la posibilidad de un cambio personal y espiritual. Nunca he visto que Dios no responda de manera poderosa a alguien que reza una auténtica oración de apertura.

La Oración de Apertura no es una oración de guión que sirva para todo, porque lo que la persona que reza tiene que decir a Dios se basa en la experiencia vivencial de Dios que él o ella ha tenido, en el punto en el que se encuentra realmente en el camino espiritual y, por supuesto, en la inspiración del Espíritu Santo. Parte de lo que hace que un acto tan sencillo sea una puerta de entrada a una relación personal con Dios es que se trata de una oración auténtica desde el corazón del orante con sus propias palabras. Al principio del taller Llamados y Dotados, damos a la gente la oportunidad de rezar la Oración de Apertura y les ofrecemos una variedad de oraciones modelo cortas para despertar ideas en los participantes, como por ejemplo:

- Dios, si eres real, por favor házmelo saber.
- Señor, ayúdame a estar abierto a los propósitos que tienes para mí.
- Jesús, quiero seguirte. Ayúdame a crecer como tu discípulo.
- Jesús, muéstrame cómo puedo ser un instrumento de tu amor y entregarme a los demás.

Pero lo más importante es animar a la gente a que simplemente le diga a Dios que está "abierta" a la posibilidad de un cambio personal y espiritual con sus propias palabras.

La gente sólo puede moverse hasta cierto punto, hasta cierta velocidad

Un gran descubrimiento: *Pasar por un solo retiro o curso de evangelización (como Alpha o Descubriendo a Cristo) no hace un discípulo.* Por muy buena y probada que sea la herramienta, lo que determina el fruto es la respuesta de la persona a la gracia de Dios. Cada uno de los umbrales es como una miniconversión que abre un horizonte espiritual totalmente nuevo e inesperado. La conversión genuina es un proceso complejo, de toda la persona, y la mayoría de la gente no puede avanzar tan rápido por muy buena que sea su experiencia en el retiro o en el curso. *Por lo general, incluso una persona verdaderamente abierta sólo avanzará uno o dos umbrales durante un solo retiro o curso de evangelización, por lo que el punto en el que se encuentre en su viaje espiritual cuando el retiro haya terminado dependerá de dónde haya empezado.*

Si Sara comienza el proceso en la confianza, podemos esperar y rezar para que termine en la curiosidad o en la apertura temprana, ¡y eso es un verdadero éxito! Si Rob comienza en la curiosidad temprana, puede terminar en la apertura o posiblemente en la búsqueda. Si Olivia comienza en la apertura o en la búsqueda, es posible que "deje caer sus redes" en el proceso y emerja en el discipulado temprano.

La oración de intercesión: La dimensión crucial que falta

El Cardenal Joseph Ratzinger (más tarde Papa Benedicto XVI) dijo:

> Jesús predicaba de día, de noche rezaba. … Jesús tuvo que adquirir discípulos de Dios. … Nosotros mismos no podemos reunir a los hombres. Debemos adquirirlos por Dios para Dios. Todos los métodos están vacíos sin el fundamento de la oración.[9]

La resistencia al cambio de la cultura espiritual es de esperar y ocurre en muchos niveles. Por eso es esencial la oración de intercesión organizada, continua y colectiva para la renovación espiritual de nuestras comunidades. El carisma de la oración de intercesión permite que la oración intensa de un cristiano por los demás sea la forma en que el amor y la liberación de Dios llegan a los necesitados.

La oración de intercesión es importante para los buscadores en todas las etapas, especialmente para los que están al borde de la apertura y el discipulado.

La oración de intercesión continua por la renovación espiritual de la parroquia puede cambiar la atmósfera espiritual de un lugar y aumentar la frecuencia de las gracias reales externas e internas. La intercesión colectiva puede aumentar en gran medida la apertura espiritual de los individuos (incluso de aquellos que simplemente "se aparecen de vez en cuando") y romper el poder de las ataduras espirituales que se oponen a los propósitos de Dios. Los líderes parroquiales que se toman en serio la tarea de hacer discípulos están descubriendo lo fundamental que es hacer frente a la oposición espiritual mediante la oración. Uno de ellos me escribió recientemente sobre su experiencia del poder de la oración:

> Había una verdadera opresión espiritual. Los miembros del personal de la parroquia estaban involucrados en el ocultismo. Cuando hablabas a un grupo o el párroco daba una homilía, parecía que había un muro o un agujero negro: las palabras eran absorbidas. Lo que se compartía no iba a ninguna parte, como la semilla que cae en un terreno rocoso. Nadie les había hablado del Evangelio. Ahora, ese muro ha desaparecido. Gran parte de ello se debe a nuestro grupo de oración de intercesión. Nuestro clima espiritual ha cambiado; la gente responde y pide más. Las familias jóvenes se trasladan a nuestra parroquia porque han oído que aquí se está pasando algo diferente.

También hemos visto que pueden ocurrir cosas asombrosas a través de la oración en las vidas de aquellos que están en una búsqueda espiritual. Un amigo que dirige un grupo de búsqueda compartió esta historia:

> Estuvieron rezando toda la semana anterior a nuestra sesión para obtener la gracia de experimentar el amor personal de Jesús, para que podamos crecer en la

> confianza en él. Creo que estas gracias están influyendo mucho en la sesión. Algunos de los participantes comienzan a compartir cómo tienen miedo de confiar en Jesús.
>
> Una mujer compartió su experiencia. Dijo que su hijo de dieciséis años un día fue a un parque de atracciones y debía llegar a casa a las 2:00 a.m. No llegó a tiempo y ella comenzó a sentirse muy preocupada por él.
>
> Al día siguiente, mientras rezaba, le pidió a Jesús la gracia [de experimentar el deseo de Jesús de tener una relación personal] y le vino a la mente que su anhelo de que su hijo volviera a casa era lo que Jesús siente por ella. Él anhela que ella vuelva a casa con él.

Otro hombre compartió que después de rezar se metió en la cama y cerró los ojos, cuando de repente sintió que alguien entraba en la habitación, caminaba hacia la cama, se inclinaba sobre él y le besaba en la frente. Dijo que sintió mucho amor, un amor como nunca antes había sentido. Dijo que no pudo dormir esa noche, pero que se sintió tan amado que tuvo que escribir un diario sobre la experiencia.

En la Tradición católica, Moisés es el primer gran modelo de intercesor que se pone en la brecha, un precursor de Jesús el Intercesor. Moisés discute con Dios, pidiendo que él mismo sea borrado del Libro de la Vida si el Señor no perdona a su pueblo a pesar de su pecado. En los iconos tradicionales, se representa a Moisés recibiendo las tablas, bajando y encontrando el becerro de oro y *volviendo* a la cima de la montaña para pedir que Dios perdone a su pueblo que le ha traicionado.

> Los argumentos de su oración (la intercesión es también un combate misterioso) inspirarán la audacia de los grandes orantes tanto del pueblo judío como de

> la Iglesia. Dios es... justo y fiel; no puede contradecirse, debe acordarse de sus acciones maravillosas... no puede abandonar al pueblo que lleva su Nombre (*CIC*, 2577)

Jesucristo glorificado, ahora sentado a la derecha del Padre y simultáneamente presente sacramentalmente en cada tabernáculo del mundo terrenal, es el único intercesor que Moisés prefiguró. Todos los que respondemos a la llamada de Dios a orar estamos respondiendo a la súplica de Dios y participando en la intercesión de nuestro Señor resucitado. Él es el único intercesor ante el Padre en favor de todos los hombres, especialmente de los pecadores. Él es "es capaz de salvar de una vez a los que por su medio se acercan a Dios. El sigue viviendo e intercediendo en favor de ellos" (Hb 7,25).

Misión, comunidad y el efecto Leadville

Cada agosto, cientos de forasteros llegan a Leadville, Colorado, para intentar el ultramaratón a la mayor altitud de Norteamérica: la *Leadville Trail 100*, llamada "La carrera a través del cielo". Los competidores corren o caminan cien millas a través de un terreno que se eleva hasta 12,600 pies. La carrera comienza a las 4:00 de la mañana del sábado. El objetivo es cruzar la línea de meta antes de que suene el pistoletazo de salida a las 10:00 a.m. del domingo. Para terminar a tiempo, los corredores no pueden dormir y deben correr o caminar todo el día y la noche, subiendo y bajando por senderos de montaña empinados y helados.

Todo el mundo piensa que es una locura, hasta que se asiste a una carrera. Entonces se produce lo que yo llamo el "efecto Leadville". ¿A qué me refiero?

El efecto Leadville es lo que ocurre cuando la gente corriente empieza a imaginar, aspirar y luego lograr cosas extraordinarias porque su comunidad apoya intencionadamente los logros sobresalientes. ¿Cuál es el secreto? Nadie corre solo. Terminar la carrera de Leadville no es cuestión de juventud y velocidad, sino que tiene que ver con el valor, el corazón y con el poder de la comunidad.

Hay un mínimo de dos voluntarios por cada corredor. Los puestos de socorro funcionan durante todo el día y la noche, repartiendo agua, Gatorade, geles energéticos, galletas y sopa de papa caliente. Los voluntarios cronometran la entrada y salida de los corredores de los puestos de socorro, los pesan, evalúan su estado, les dan la oportunidad de calentarse y cambiarse de ropa y equipo y, si es necesario, los detienen antes de que se hagan daño.

Además, la mayoría de los corredores tienen sus propios equipos personales de apoyo. Muchos tienen *pacers* o "marcadores de paso" que corren a su lado hasta cincuenta millas. A lo largo de la noche, se puede escuchar a los *pacers* animando suavemente, desafiando y asegurándose de que sus corredores se mantienen hidratados y no se pierden. Familiares y amigos, vestidos con sudaderas a juego, con lemas como "El equipo de Ted", se reúnen con los corredores en los puestos de socorro con comida especialmente preparada, mudas de ropa y crema solar. Masajean y vendan los pies maltratados y proporcionan calzado y calcetines secos, además de un torrente de ánimos.

Todo el drama culmina en la línea de meta entre las 9:00 y las 10:00 de la mañana del domingo. Hace unos años, no pude evitar fijarme en un gran equipo de apoyo de unas cuarenta personas, todas ellas vestidas con camisetas rojo escarlata, cerca de la línea de meta. Pregunté a un par de miembros del equipo a qué corredor apoyaban. Señalaron la parte delantera de sus camisetas, en la que se leía: "En memoria de Greg". Greg, de 25 años, se había ahogado en un río el verano anterior. Su mujer, "Beth", estaba corriendo la carrera de Leadville 100 en su memoria. Unos minutos más tarde, el equipo se enteró de que Beth estaba a tres kilómetros de distancia y que sólo quedaba una hora de carrera. Al instante, su ejército salió a su encuentro.

Esperé junto a la línea de meta. Los corredores cruzaron uno a uno, muchos de ellos corriendo de la mano durante los últimos cien metros con sus cónyuges, hijos y amigos que habían hecho posible su logro. Hombres canosos rompían a llorar de alegría y alivio a los pocos segundos de terminar. Pero yo no perdía de vista la cresta de la última colina, buscando señales de Beth.

Entonces la vi: una masa rojo escarlata se formó en la cresta de la colina y comenzó a marchar con paso firme hacia nosotros. A medida que el grupo se acercaba, pude ver que habían formado un muro humano y animado alrededor de una joven de pelo largo y castaño. El *pacer* de Beth estaba a su lado. Sus amigos llevaban todo su equipo, dejándola libre para concentrarse en una sola cosa: terminar. Beth cojeaba, pero su rostro estaba radiante cuando cruzó la línea de meta dieciocho minutos antes de que sonara la última pistola.

El poder de esa experiencia se ha quedado conmigo porque tiene implicaciones muy obvias para la formación de discípulos y apóstoles católicos. Conozco a muchos "Beths", mujeres y hombres que están haciendo cosas sorprendentes por el reino de Dios sólo porque tienen el apoyo activo, sostenido y entusiasta de la comunidad cristiana (un efecto Leadville eclesial). En definitiva, la concepción católica de la salvación es incorregiblemente comunitaria. Estamos todos juntos en esto, porque ninguno de nosotros se salva solo: Nos salvamos como miembros de la Iglesia, el Cuerpo de Cristo. La mano no puede decir al pie: "No te necesito".

EL PESO DE LA GLORIA

No debería sorprendernos que una cultura parroquial de discipulado intencional se construya y refuerce con el amor, los carismas, la oración, los sacrificios, la energía y el discipulado de muchas personas, no sólo de los párrocos y el personal y los líderes "oficialmente" reconocidos. Para evangelizar a los nuestros dentro de la Iglesia, y a aquellos cuyas vidas tocamos fuera de ella, necesitamos formar deliberadamente una amplia gama de discípulos católicos para

- preguntar en qué punto se encuentra la gente en su relación con Dios;
- escuchar bien, respetuosamente y en oración;
- reconocer los umbrales espirituales de los demás;
- responder con ayuda a las necesidades espirituales actuales de los demás;
- articular los fundamentos de la Gran Historia de la Salvación de una manera que invite al discipulado intencional;
- desafiarnos unos a otros a tomar la decisión de seguir a Jesús como discípulos;
- celebrar y apoyar el discipulado intencional.

Hay un gran motivo de esperanza. El Espíritu Santo nos apoya; está creando una vasta comunidad de amor en la que, lenta pero seguramente, estamos aprendiendo los pasos de la Gran Danza de la Santísima Trinidad. Jesús promete estar siempre con nosotros, incluso hasta el fin del mundo. Y por eso podemos confiar en que dará a su Iglesia lo necesario en esta hora, como en todas las horas pasadas, para afrontar el reto de este tiempo. Podemos, en una palabra, rezar y esperar la conversión.

Como escribió C. S. Lewis:

> Puede ser posible que cada uno piense demasiado en su propia gloria potencial en el futuro; es difícil que piense demasiado a menudo o demasiado profundamente en la de su prójimo. La carga, o el peso, o la carga de la

> gloria de mi prójimo debe recaer sobre mi espalda, una carga tan pesada que sólo la humildad puede llevarla, y las espaldas de los orgullosos se romperán.[10]

Que Dios nos conceda la humildad de llevar el peso de la gloria de nuestro prójimo en el siglo XXI y, en última instancia, en la eternidad, por Cristo nuestro Señor.

Agradecimientos

No me hubiera sido posible escribir este libro sin el apoyo de tantos hombres y mujeres que me inspiraron, desafiaron, animaron y supervisaron. Muchas gracias a:

- Los miles de católicos alrededor del mundo que generosamente compartieron sus experiencias de cómo Dios los utilizó durante el proceso de discernimiento para seguir Su llamado. Ustedes han abierto una ventana hacia el catolicismo *vivo* y nos han ofrecido una cautivadora imagen de la manera en la que la gracia redentora de Dios fluye incesantemente sobre nuestro mundo mediante la aceptación y la cooperación de católicos "ordinarios".
- Los 1,600 líderes parroquiales y diocesanos que han compartido conmigo sus desafíos y su sabiduría durante las diferentes versiones de los talleres de evangelización "Making Disciples" (Formación de Discípulos) por los últimos once años.
- El personal, maestros, benefactores y colaboradores del Instituto Catalina de Siena, quienes hicieron

posible esta aventura de escribir un libro en cinco meses, aunque dos de esos meses los pasé fuera de casa.

- Los discípulos y apóstoles que aceptaron ser entrevistados o que compartieron conmigo su sabiduría sobre el evangelio, incluyendo a: Nancy Arkin, Rod Bennett, Dennis Branconier, Nina Butorac, el Padre Chas Canoy, el Padre James Conlon, Katherine Coolidge, David Curp, Bobbi Dominick, Barbara Elliott, el Diácono Dan Foley, el Padre Ed Fride, Francisco "Paco" Gavrilides, Lisa Hills, el Padre Dennis Howard, el Padre Gregory Jensen, Corinne López, el Padre John Maduri, el Dr. Ralph Martin, Carol McGee, Daniel Moore, Scott Moyer, el Padre Edward Pelrine, Tom Peterson, Ellen Piper, Craig Pohl, Sara Silberger, Gaurav Shroff, Keith Strohm, Tina Terrant, Jane Twilliger y el Dr. Peter Williamson.
- La Dra. Carole Brown, quien me permitió leer su tesis sobre la evangelización según San Juan Pablo II.
- Mark Gray, del Centro de Investigación Aplicada al Apostolado (CARA por sus siglas en inglés), por aclararme algunas estadísticas relacionadas con su organización.
- Roz Dieterich, quien me ofreció su cálida hospitalidad y sus múltiples dones para la organización, y quien, junto con su esposo, Henry, compartió conmigo su experiencia de vida en la Parroquia de Cristo Rey.
- Las aportaciones y las oraciones de mis amigos de Facebook, especialmente a Tim Ferguson, quien sugirió el título para el libro, y a Woodeene Koenig-

Bricker por sus consejos sobre edición y su apoyo.

- Los miembros del Comité de Evangelización de la Región de San Fernando, quienes bajo el liderazgo del Obispo Gerald Wilkerson han sido un agente catalizador con su extraordinaria visión sobre la evangelización en la Arquidiócesis de Los Ángeles: Edward Arno, Katie Dawson, Ben Decenario, Yvonne Garcia, Frank Luciano, Sally Meyers y Bobby Vidal.
- Sherry, quien me escuchó y oró conmigo durante todo este tiempo y Jim, cuya pericia en el uso de la computadora supera mi falta de carisma con la tecnología.
- Mis asesores en evangelización y otros distinguidos colaboradores que garantizaron que este libro estuviera lleno de sabiduría evangélica basada en la realidad. Dios los bendiga. ¡Ustedes saben quiénes son!
- Mi querido amigo Mark Shea, quien compartió conmigo sus vastos conocimientos sobre redacción y edición. Tú me has agradecido en el pasado por haberte ayudado con algunos de tus libros. Todavía te debo una.
- Cindy Cavnar, mi paciente editora, quien se dio a la tarea de dirigir con disposición y buen humor a una escritora novata durante este proceso tan abrumador.
- El Padre Michael Fones, O.P., quien no sólo fue mi director adjunto, sino que también ha sido mi colaborador más cercano durante el proceso de descubrimiento que ha sido la evangelización centrada en las parroquias. Dios lo bendiga, Padre Mike, por su propio discipulado, por su apertura

espiritual, su energía y su impresionante ética de trabajo. Gracias por su sentido del humor, por su generosidad y su bondad hacia todos los que trabajamos en el Instituto y hacia mí personalmente. Siempre me mantuvo en alerta. Nunca sabía lo que se le iba a ocurrir hacer cuando enseñábamos una clase, pero nada de esto sería posible sin usted.

Notas

CAPÍTULO 1: DIOS NO TIENE NIETOS

1. G. K. Chesterton, "The Queer Feet" in *The Complete Father Brown Stories* (Ware: Wordsworth, 2006), 49.

2. La Oficina de Nueva Evangelización y Vida Parroquial y la División de Pastoral Juvenil de la Arquidiócesis de Los Ángeles ofrecen regularmente un estudio y debate gratuito de nueve sesiones sobre Formación de Discípulos Intencionales en Zoom, tanto en inglés como en español. El estudio se llama Lanzando Nuestras Redes: Haciendo Discípulos de Jesús y está abierto a cualquier católico interesado en cualquier país. Para obtener más información, un calendario y para inscribirse, vaya a https://lacatholics.org/casting-our-nets-making-disciples-of-jesus/.

3. Papa San Juan Pablo II, *Ecclesia de Eucharistia*, 11, https://www.vatican.va.

4. Papa San Pablo VI, *Evangelii Nuntiandi*, 14, https://www.vatican.va.

5. La formación de Ananías es un proceso de formación para ayudar a los católicos ordinarios a convertirse en compañeros evangelizadores eficaces. Incorpora la formación en los Umbrales, la Conversación de los Umbrales y el Kerigma. El AT está disponible a través del Instituto Catalina de Siena en https://www.siena.org/ananias.

6. Para más información sobre el proceso de Discernimiento

de Llamados y Dotados, disponible en inglés y español, visite el Instituto Catalina de Siena en https://www.siena.org/called-gifted.

7. Gregory A. Smith, "About Three-in-Ten U.S. Adults Are Now Religiously Unaffiliated", Pew Research Center, https://www.pewresearch.org/religion/2021/12/14/about-three-in-ten-u-s-adults-are-now-religiously-unaffiliated/.

8. El 60% de los protestantes estadounidenses se consideran evangélicos.

9. Ibíd.

10. Ibíd.

11. "Frequently Requested Church Stats, U.S. Data Over Time, World Data Over Time", Center for Applied Research in the Apostolate (CARA), https://cara.georgetown.edu/frequently-requested-church-statistics/.

12. Sherry Weddell, *Formación de Discípulos Intencionales: El camino para conocer y seguir a Jesús* (Huntington: Our Sunday Visitor, 2012), 40.

13. "In US, Decline of Christianity Continues at Rapid Pace", Pew Research Center, October 17, 2019, https://www.pewresearch.org/religion/2019/10/17/in-u-s-decline-of-christianity-continues-at-rapid-pace/.

14. Ibíd.

15. "Frequently Requested Church Stats, U.S. Data Over Time, World Data Over Time", Center for Applied Research in the Apostolate (CARA).

16. Todos los católicos y cristianos afines al catolicismo interesados en la evangelización y en hacer discípulos en el siglo XXI son bienvenidos a unirse al Foro FDI, porque eso es lo único de lo que hablamos. Si estás en Facebook, sólo tienes que buscar "Foro de Formación de Discípulos Intencionales" y hacer clic en el icono que dice "Quiero unirme". Por favor, responde a las dos preguntas que hacemos a todos los que solicitan unirse a la conversación.

17. "When Aericans Say They Believe in God, What Do They Mean?", Pew Research Center, April 25, 2018, https://www.pewresearch.org/religion/2018/04/25

/when-americans-say-they-believe-in-god-what-do-they-mean/.

18. Ibíd.

19. Ibíd.

20. Ibíd.

21. Ligonier Ministries, *State of American Theology Study*, September 2020, http://lifewayresearch.com/wp-content/uploads/2020/09/Ligonier-State-of-Theology-2020-White-Paper.pdf.

22. "Jesus in America", Episcopal Church with Ipsos, March 2022, Topline, página 8, https://www.episcopalchurch.org/jesus-in-america/wp-content/uploads/sites/27/2022/03/Topline-Episcopal-Church-Final.pdf.

23. *Talking Jesus Report 2022: What people in the UK think of Jesus, Christians, and evanglism*, Alpha, the Evangelical Alliance, HOPE Together, Kingsgate Community Church, the Luis Palau Association. https://talkingjesus.org/2022-research/

24. Gregory A. Smith, "Just one third of Catholics agree with their church that Eucharist is the body, blood of Christ". Pew Research Center, August 5, 2019, https://www.pewresearch.org/fact-tank/2019/08/05/transubstantiation-eucharist-u-s-catholics/.

25. Cf. *Catecismo de la Iglesia Católica*, 2794: " 'QUIEN ESTÁ EN EL CIELO': Esta expresión bíblica no significa un lugar ('espacio'), sino un modo de ser; no significa que Dios esté distante, sino majestuoso. Nuestro Padre no está "en otra parte": trasciende todo lo que podemos concebir de su santidad. Precisamente porque es tres veces santo, está tan cerca del corazón humilde y contrito".

26. Papa San Juan Pablo II, *Catechesi Tradendae*, 19, https://www.vatican.va.

27. James Penner, Rachael Harder, Erika Anderson, Bruno Désorcy, and Rick Hiemsra, *Hemorrhaging Faith: Why and When Young Adults Are Leaving, Staying, and Returning to the Church* (The EFC Youth and Young Adult Ministry Roundtable, 2013), 112.

28. *Going, Going, Gone: The Dynamics of Disaffiliation in Youth Catholics* (Winona, Minnesota: St. Mary's Press of Minnesota, Inc., 2017), 16.

29. Ibíd., 15.
30. Ibíd., 17.
31. Ibíd. 18–19.
32. Ibíd., 22.
33. "A spectrum of spirituality: Canadians keep the faith to varying degrees, but few reject it entirely", Angus Reid, April 13, 2017, https://angusreid.org/religion-in-canada-150/.
34. "Canada across the religious spectrum: A portrait of the nation's inter-faith perspective duing Holy Week", Angus Reid, April 18, 2022, https://angusreid.org/canada-religion-interfaith-holy-week.
35. "A spectrum of spirituality", Reid.
36. "Faith and Belief in Australia", McCrindle, 2017, https://mccrindle.com.au/insights/blog/faith-belief-australia/.
37. "Faith and Belief in New Zealand" (Wilberforce), McCrindle, 2018, https://faithandbeliefstudynz.org/.
38. Jonathan Evans and Chris Baronavski, "How Do European Countries Differ in Religious Commitment?", Pew Research Forum, December 5, 2018, https://www.pewresearch.org/fact-tank/2018/12/05/how-do-european-countries-differ-in-religious-commitment/.
39. "92 Percent of Germans Abstain from Church Services", Giordano Bruno, December 8, 2020, https://www.giordano-bruno-stiftung.de/en/news/statistics-religious-beliefs-2019.
40. "German Churches to See Sharp Drop in Membership by 2060", Associated Press, May 2, 2019, https://cruxnow.com/uncategorized/2019/05/german-churches-to-see-sharp-drop-in-membership-by-2060.
41. "Latest British Social Attitudes survey shows huge generational surge in the non-religious", Humanists UK, April 1, 2021, https://humanists.uk/2021/04/01/latest-british-social-attitudes-survey-shows-huge-generational-surge-in-the-non-religious/.
42. *Talking Jesus Report 2022: What people in the UK think of Jesus, Christians, and evanglism*, 31.
43. Ibíd., 17.
44. Ibíd., 9.

45. Ibíd., 25.
46. *Reviving Evangelism* (Ventura: Barna Group, 2019), 81.
47. Ibíd., 45.

CAPÍTULO 2: NO SABEMOS LO QUE ES NORMAL

1. Jeff Ziegler, "The Coming Latino Catholic Majority," *Catholic World Report*, December 1, 2011.
2. Las estadísticas fueron tomadas de un estudio realizado por Nancy T. Ammerman, *Pilares de la Fe* (Berkeley: University of California Press, 2005), tablas en páginas 117, 134, citadas por el Cardenal en el prólogo del libro escrito por Timothy E. Byerley, *The Great Commission: Models of Evangelization in American Catholicism* (New York: Paulist Press, 2008), ix.
3. Lineamenta de la Asamblea General Ordinaria del Sínodo 2012, 11, https://www.vatican.va.
4. Ibíd., 12, énfasis añadido.
5. Padre Damien Ference, "Why Vocation Programs Don't Work," *Homiletic and Pastoral Review,* February 2011.
6. Pew, "Encuestra sobre el Panorama Religioso en los E.E.U.U.".
7. Jessica Berman, "Brain Mapping Social Conformity," *The Cutting Edge*, 19 de enero del 2009, http://www.thecuttingedgenews.com/index.php?article=1041.
8. Papa Juan Pablo II, *Christifideles Laici* (Exhortación) Apostólica sobre Vocación y Misión de los Laicos en la Iglesia y en el Mundo), 33, https://www.vatican.va.
9. Ralph Martin, "The Post-Christendom Sacramental Crisis: The Wisdom of St. Thomas Aquinas." *Nova et Vetera.*
10. "Padre Cantalamessa sobre La Fe en Cristo Hoy" (Parte II), Zenit, 2 de diciembre del 2005, http://www.zenit.org/es/articles/como-re-evangelizar-el-mundo-post-cristiano-responde-el-predicador-del-papa.
11. Papa Juan Pablo II, *Catechesi Tradendae*, 25.
12. Papa Benedicto XVI, Audiencia General, 21 de octubre del 2009, https://www.vatican.va.

CAPÍTULO 3: EL FRUTO DEL DISCIPULADO

1. John L. Allen, Jr., "Big Picture at World Youth Day: 'It's the Evangelicals, Stupid!'" *National Catholic Reporter*, August 19, 2011, http://ncronline.org/blogs/all-things-catholic/big-picture-world-youth-day-its-evangelicals-stupid.

2. Bob Horning, "1 Parish, 15 Seminarians", *National Catholic Register*, June 26,2007.

3. Papa Juan Pablo II, *Pastores Dabo Vob*is (Sobre la Formación de los Sacerdotes), 40, https://www.vatican.va.

4. *Ver Presbyterorum Ordinis* (Sobre el Ministerio y la Vida de los Presbíteros), 9, https://www.vatican.va. Tambien ver Papa Juan Pablo II, *Pastores Dabo Vobis*, 59, 74.

5. *Lumen Gentium* (Constitución Dogmática sobre la Iglesia), 30, https://www.vatican.va; *Presbyterorum Ordinis*, 9; Papa Juan Pablo II, *Pastores Dabo Vobis*, 40, 74; Papa Juan Pablo II, *Christifideles Laici*, 32.

6. Rafael Sanz Carrera, "Gaurav: 'La belleza de la músic sacra me llevó a Cristo'" 19 de abril del 2010, https://rsanzcarrera.wordpress.com/2010/04/19/gaurav-la-belleza-de-la-musica-sacra-me-llevo-a-cristo/.

7. Johnson and Ross, *Atlas of Global Christianity: 1910–2010,* 95; "Presentación del Anuario Pontificio, 2012". Oficina de Prensa de la Santa Sede: Vatican Information Service, 12 de marzo del 2012.

8. Bryan T. Froehle y Mary L. Gautier, *Global Catholicism: Portrait of a World Church* (Maryknoll, NY: Orbis Books, 2003), 31, 35.

9. "Presentación del Anuario Pontificio 2012."

10. John Thavis, "Church's International Contours Changed Under Pope John Paul II," Catholic News Service.

11. "Vaticano — Día Mundial de las Misiones: Estadísticas de la Iglesia Católica," Agencia Fides, 21 de octubre del 2011).

12. Papa Benedicto XVI, Audiencia General, 10 de marzo del 2010, https://www.vatican.va.

13. Papa Juan Pablo II, *Pastores Dabo Vobis*, 38, énfasis añadido.

14. Hans Urs von Balthasar, *Prayer* (San Francisco: Ignatius,

1986), 49.

15. Father Gregory Jensen, "Repentance and Discipleship," blog Koinonia, April 15, 2011.

16. Sherry Anne Weddell, *The Catholic Spiritual Gifts Resource Guide* (Colorado Springs, CO: Siena Institute Press, 2003), 4–6.

17. *Apostolicam Actuositatem* (Decreto sobre el Apostolado de los Laicos), 30, https://www.vatican.va.

CAPÍTULO 4: LA GRACIA Y LA GRAN CRUZADA

1. Léon Bloy, *La Mujer Pobre* (London: Sheed & Ward, 1947).

2. Papa Benedicto XVI, *Caritas in Veritate* ("En la Caridad y en la Verdad"), 5, https://www.vatican.va.

3. Santo Tomás de Aquino, *Summa Theologiae* II, I, 111, a.3.

4. El debate teológico sobre la naturaleza exacta de la participación de María en la rendención objetiva y subjetiva queda fuera del ámbito de este libro.

5. San Agustín, *Sermo* 169,11,13:PL 38, 923.

6. Aquino, *Summa Theologiae*, III, c66, a1.

7. Ibíd., III, q69, a8.

8. "Character" in Catholic Encyclopedia, 1917, www.newadvent.org/cathen/03586a.html.

9. Michael G. Lawler, *Marriage and the Catholic Church: Disputed Questions* (Collegeville, MN: Liturgical Press, 2002), 51.

10. Cardenal Joseph Ratzinger, "A propósito de algunas objeciones contra la doctrina de la Iglesia sobre la recepción de la Comunión eucarística por parte de los fieles divorciados y vueltos a casar", 4 de abril del 1999, 4.

11. Cardenal Joseph Ratzinger. "La pastoral del matrimonio debe fundarse en la verdad". Nota de pie de página 4. *L'Osservatore Romano*, 30 de noviembre del 2011.

12. Aquino, *Summa Theologiae*, III, C69, a9, ad3.

13. Martin, *The Post-Christendom Sacramental Crisis*.

14. "Disposition," *Encyclopedia of Theology: The Concise Sacramentum Mundi*, Karl Rahner, ed. (Freiburg-im-Breisgau: Herder KG, 1975), 352.

15. Papa Juan Pablo II, *Catechesi Tradendae*, 19, énfasis

añadido.

16. Lawler, *Marriage and the Catholic Church*, 54–55

17. *Catecismo Católico de los Estados Unidos para los Adultos*, (Washington, DC: USCCB Communications, 2006), 37.

18. James Bretzke, S.J., *Consecrated Phrases: A Latin Theological Dictionary* (Collegeville, MN: Liturgical Press, 1998), 42–43.

19. Padre Raniero Cantalamessa, O.F.M. Cap., "El Bautismo en el Espíritu," *International Catholic Charismatic Renewal Services Newsletter*, www.iccrs.org.

20. Decreto sobre la Justificación, Concilio de Trento, capítulos 4–6.

21. Raissa Maritain, *We Have Been Friends Together* (New York: Longmans, Green, and Co., Inc., 1945), 175.

22. Aquino, *Summa Theologiae*, I-II, c111, a2, ad3.

23. Ibíd., III, c69, a8, ad2.

24. *Lumen Gentium*, 11.

25. Ibíd.

26. *Sacrosanctum Concilium* (Constitución sobre la Sagrada Liturgia), 11, https://www.vatican.va.

27. Ralph Martin, "A New Pentecost? Catholic Theology and Baptism in the Spirit", Logos, Vol. 14:3, Summer 2011.

28. Papa Juan Pablo II, *Ecclesia de Eucharistia* (Sobre la Eucaristía en su Relación con la Iglesia), 10, https://www.vatican.va.

29. Aquino, *Summa Theologiae*, III, c79, a2, ad2.

30. Padre William G. Most, *A Basic Catholic Catechism*, 1990, parte 12, Holy Communion, www.ewtn.com/library/CATECHSM/MOSTCAT.htm.

31. Padre Juan Pablo II, *Redemptor Hominis* ("El Redentor del Hombre"), 20, https://www.vatican.va.

32. Most, *A Basic Catholic Catechism*, part 12, Holy Communion.

33. Maurice De La Taille, S.J., *The Mystery of Faith: Regarding the Most August Sacrament and Sacrifice of the Body and Blood of Christ*, Tesis XXIX, 1921, énfasis añadido, www.ewtn.com/library/theology/myoffait.htm.

34. Cantalamessa. "El Bautismo en el Espíritu Santo".

CAPÍTULO 5: LOS UMBRALES DE LA CONVERSIÓN: ¿PUEDO CONFIAR EN TI?

1. Papa Juan Pablo II, *Catechesi Tradendae*, 20, énfasis añadido.

2. Departamento de Comunicación de la Conferencia de Obispos Católicos en los Estados Unidos, *Directorio Nacional para la Catequesis* (Washington, DC: Editorial USCCB, 2005).

3. Don Everts y Doug Schaupp, *I Once Was Lost: What Postmodern Skeptics Taught Us About Their Path to Jesus* (Downers Grove, IL: IVP, 2008), 12–13.

4. Doug Schaupp, "Five Thresholds of Postmodern Conversion", http://evangelism.intervarsity.org/how/strategy/5-thresholds-postmodern-conversion-overview.

5. Everts y Schaupp, *I Once Was Lost*.

6. Predicador del Papa: "La fe en Cristo hoy y en el inicio de la iglesia" (Parte I), Zenit, 2 de diciembre del 205, http://www.zenit.org/es/articles/predicador-del-papa-la-fe-en-cristo-hoy-y-en-el-inicio-de-la-iglesia).

7. Scot McKnight, "The Gospel for iGens," *Leadership Journal*, 14 de septiembre del 2009, www.christianitytoday.com/le/2009/summer/thegospelforigens.html?start=3.

8. Sherry Weddell, *American Catholicism: Living on the Edge of a Demographic Precipice*, www.siena.org/December-2010/living-in-the-land-of-qnoneq.

9. Cardenal Joseph Ratzinger, *La Sal de la Tierra: Cristianismo e Iglesia Católica ante el nuevo milenio. Una Conversacíon con Peter Seewald* (San Francisco: Ignatius Press, 1997), Capítulo I.

10. Sherry Weddell, "Unintentional Mega-Blogging: The Collapse of Cultural Catholicism", www.siena.org/January-2011/unintentional-mega-blogging-the-collapse-of-cultural-catholicism).

11. Paul Wallace, *Why I Am a Christian*, psnt.net/blog/2010/12/why-i-am-a-christian/

CAPÍTULO 6: EL SEGUNDO UMBRAL: LA CURIOSIDAD

1. Padre Gregory Jensen, "About Jesus Hardly at All",

http://50.22.108.14/showthread.php?t=794561.

2. Papa Pablo VI, *Evangelii Nuntiandi* (Sobre la Evangelización en el Mundo Contemporáneo), 22, ttps://www.vatican.va.

3. The Barna Group, "Most Americans Consider Easter a Religious Holiday, But Fewer Correctly Identify Its Meaning," March 15, 2010.

4. Mark Gray, "Catholics Come Home ... But Just For A Visit?" Center for Applied Research in the Apostolate (CARA), http://nineteensixty-four.blogspot.com/2011/11/catholics-come-home-but-just-for-visit.html.

5. Everts and Schaupp, *I Once Was Lost*, 52.

6. Ibíd., 54.

7. Cardinal Emmanuel Suhard, *Priests Among Men* (Chicago: Fides, 1949).

8. Papa Benedicto XVI, *Caritas in Veritate*, 15.

9. Gray, "Catholics Come Home ... But Just for a Visit?"

CAPÍTULO 7: EL TERCER UMBRAL: LA APERTURA

1. Papa Benedicto XVI, *Homilía Inaugural*, 24 de abril del 2005, https://www.vatican.va.

CAPÍTULO 8: LOS UMBRALES DE LA CONVERSIÓN: LA BÚSQUEDA Y EL DISCIPULADO INTENCIONAL

1. Pseudo Crisóstomo, *In. s. Pascha*. I. 7:SCh 36, págs. 59-61.

2. "Cuarta meditación de Adviento del Padre Raniero Cantalamessa. 'Recomenzar desde el principio: la oleada de evangelización en marcha'". Zenit, 23 de diciembre del 2011.

3. Para recibir una introducción excelente a las obras de misericordia corporales y espirituales, referirse a la obra de Mark. P. Shea, *The Work of Mercy: Being the Hands and Heart of Christ* (Cincinnati, OH: Servant, 2012).

4. McKnight, "The Gospel for iGens".

5. Ibíd.

6. John L. Allen Jr., "In America's religious marketplace, the real Catholic problem is new sales," *National Catholic Reporter*, February 11, 2011, http://ncronline.org/blogs/all-things-catholic

/americas-religious-marketplace-real-catholic-problem-new-sales.

CAPÍTULO 9: ROMPER EL SILENCIO

1. *Ad Gentes* (Sobre la Actividad Misionera de la Iglesia), 11, https://www.vatican.va.

2. Papa Juan Pablo II, *Redemptoris Missio* (Sobre la Permanente Validez del Mandato Misionero), 28, https://www.vatican.va.

3. Papa Pablo VI, *Evangelii Nuntiandi*, 53.

CAPÍTULO 10: DECIR: LA "GRAN HISTORIA DE LA SALVACIÓN"

1. Padre Cantalamessa. "La fe en Cristo hoy y en el inicio de la Iglesia (Parte I)". Énfasis añadido.

2. Papa Pablo VI, *Evangelii Nuntiandi*, 80.

3. Johnson and Ross, *Atlas of Global Christianity: 1910–2010.*

4. *Lumen Gentium* (Constitución Dogmática sobre la Iglesia), 30.

5. Papa Juan Pablo II, *Redemptoris Missio*, 18.

6. *Gaudium et Spes* (Constitución Pastoral sobre la Iglesia en el Mundo Actual), 22, https://www.vatican.va.

7. McKnight, "The Gospel for iGens".

CAPÍTULO 11: ENCONTRAR A JESÚS DE MANERA PERSONAL DENTRO DE SU IGLESIA

1. Orígenes, *Homilies on Luke*, 22, 3, Joseph T. Lienhard (Washington, DC: Catholic University Press, 1996), 94.

2. Visite la Página Web del Instituto Catalina de Siena para obtener más información sobre estos procesos. www.siena.org

3. Los carismas siempre deben discernirse cuidadosamente dentro del contexto de la Iglesia. Para obtener más información sobre el discernimiento, visite la Página Web del Instituto Catalina de Siena: www.siena.org.

CAPÍTULO 12: HACER DISCÍPULOS Y FORMAR APÓSTOLES EN LA NUEVA MISIONARIEDAD

1. "The Decline and Renewal of the American Church; Part 2 — the Decline of Evangelicalism", Dr. Timothy Keller, Life in the Gospel, Winter 2022, https://quarterly.gospelinlife.com/the-decline-of-evangelicalism/.

2. "Status of Global Christianity, 2022, in the Context of 1900-2050", Todd Johnson and Gina A. Zurlo, eds., World Christian Database (Leiden/Boston: Brill), www.worldchristiandatabase.org.

3. Ibíd.

4. "In new Catholic numbers, an 'imponderable' movement shaping history", John Allen, Cruxnow, February 13, 2022, https://cruxnow.com/news-analysis/2022/02/in-new-catholic-numbers-an-imponderable-movement-shaping-history.

5. "The Decline and Renewal of the American Church; Part 2 — the Decline of Evangelicalism", Dr. Timothy Keller.

6. Orest Ranum, *Paris in the Age of Absolutism* (University Park, Pennsylvania: Penn State University, 2002), 167–194.

7. Martin, *The Post-Christendom Sacramental Crisis.*

8. Al igual que Saulo de Tarso necesitó a Ananías para que fuera un puente de conexión entre él y el Señor Jesús que había encontrado en el camino de Damasco, millones de personas necesitan a esas personas en sus vidas hoy en día. La Formación de Ananías fue desarrollada por Katherine Coolidge y Bobby Vidal para formar a los católicos de a pie para que se conviertan en compañeros evangelizadores informales con una comprensión de los umbrales, cómo tener conversaciones en el umbral, compartir el kerigma y su propia experiencia de Dios de manera que sean accesibles y construyan puentes para las personas que están tanto "cerca" como "lejos". Para más información sobre la Formación de Ananías, visite https://www.siena.org/ananias.

9. Cardinal Joseph Ratzinger, "The New Evangelization: Building the Civilization of Love (Address to Catechists and Religious Teachers, Jubilee of Catechists)", December 12, 2000, https://www.piercedhearts.org/benedict_xvi/Cardinal%20Ratzinger/new_evangelization.htm.

10. C. S. Lewis, *The Weight of Glory* (New York: Macmillan Publishing, 1980), 18.

Sobre La Autora

En 1993 Sherry Anne Weddell creó el primer proceso de discernimiento de carismas diseñado especialmente para católicos. Ella es cofundadora y codirectora del Instituto Catalina de Siena, un ministerio internacional afiliado a la Provincia Dominica del Oeste. Sherry ha elaborado numerosos recursos de formación que se utilizan alrededor del mundo. Ella capacita y dirige a un grupo internacional de formadores y capacitadores que han trabajado de manera directa con más de 100,000 sacerdotes, religiosos y laicos católicos en más de 120 diócesis localizadas en 5 continentes. Cuando no está en algún aeropuerto del mundo, Sherry disfruta cuidar su jardín estilo Toscano en las Montañas Rocosas de Colorado.